青春文庫

不登校から脱け出すたった１つの方法

いま、何をしたらよいのか？

菜花　俊

青春出版社

どんなときも
お子さんが世界でいちばん愛しているのは、
あなたなのです——

序章

1章 どうして、うちの子が⁉ 子どもの気持ちがわからなくなったら… 39

2章

親が気づかずやっている、子どもを追い詰める5つのまちがい

3章

他の誰でもなく…お母さんだから、できることがあります　121

カバーイラスト　江頭路子
本文デザイン&ＤＴＰ　ハッシィ
企画協力　松尾昭仁（ネクストサービス株式会社）

序章

不登校から抜け出した、
ある家族のレポート

私も不登校でした

子どもが学校へ行かなくなってしまった。

ときどきは行くが、いわゆる「保健室登校」が精いっぱい。

自室にこもりきりで、もうずいぶん外へ出ていない――。


そのような親子は、現在の日本に大勢おられます。

原因がわかっている場合も、わからない場合もあります。

解決策を求めて行動を起こしている人もいれば、学校以外の居場所を見つけた人もいます。

カウンセリングや治療を受けている人もいれば、ただ途方に暮れているだけの人もいます。

一口に不登校、ひきこもりと言っても、状況はそれぞれです。しかし一つ確実に言えることは、どなたも一生懸命に、この問題と向き合っているということ。

本書を手に取ってくださったあなたが、おそらく現在そうであるように――。

私は現在、不登校やひきこもりのお子さんを持つ親御さんにアドバイスを差し上げたり、ご相談に乗ったりする仕事をしています。

15年前にこの仕事を始めてから今までのご相談数は、２万組以上にのぼります。

以前はまったく別の仕事をしていた私が、なぜ今の仕事をしようと思ったのか。その理由は、私自身の子ども時代にあるのです。

私は、幼稚園、小学校、中学校と不登校でした。

そのせいで、母はいつも泣いていました。そして母は学校に行こうとしない私を泣きながら押さえつけ、私の足の小指に火のついた蚊取り線香を押し当てるのです。

熱さ……痛み……ジッジッと皮膚が焼ける音……肉がこげる臭い……。最も愛する人から受ける仕打ちに、当時の私は混乱するばかり。そのせいかどうかはわかりませんが、私は20代後半まで吃音《きつおん》でした。

それでも私は母が大好きだったので、母を泣かせる自分を「ダメ人間だ……」と思い込んでいました。

対人恐怖症でからだも弱く引っ込み思案だった私は友達も少なく、ときどき仲間はずれやいじめにも遭《あ》っていました。

なぜ自分ばかりがこんな目に遭うのだろう。

まわりは毎日楽しそうにしているのに……。

朝、学校に行こうとすると頭が痛くなるのです。おなかが痛くなるのです。仮病ではありません。学校のことを考えるだけで、ストレスで頭が痛くなるのです。

それでも母は、小学生の私を無理やり背負って学校へ連れて行きました。

そんな日は決まって具合が悪くなって、保健室で寝ていました。

学校なんてなくなればいい……火事になればいいんだ……。

そんなことばかり考えていました。


しかし、そんな私の暗い子ども時代にも意味があったのです。

幼稚園のときも小学校のときもダダをこねたり、なんとか行かずに済むようにない知恵をしぼって抵抗する私に、母はどれだけつらい思いをしていたことでしょう。

学校に行けない子どもの気持ち。学校に行けない子どもを持った母親の気持ち。大人になった今でも、いえ、大人になった今だからこそ、親子の気持ちがわかります。だからこそ私は、「子どものことで悩むお母さんの力になりたい！」そう強く思うようになったのです。

不登校解決のカギ

この仕事をしていると、「お母さんの愛」の力の大きさに、日々気づかされます。不登校、ひきこもりの問題を解決する大事な鍵を握るのは、親御さんの愛情、特に「お母さんの愛」なのです。

みなさんにもそのことを実感していただくために、本書のはじめにMさんという親御さんのレポートをご紹介したいと思います。

Mさんは、会社員のご主人と高校生のご長男、中学生のご長女と4人で暮らしておられる主婦の方です。お子さんたちの学費を貯金するため、週に4日パートに出ていらっしゃいます。

ごく普通の主婦であるMさんですが、数年前に、ご長男の不登校とひきこもりという試練を味わわれました。

このレポートは、そのときのことをつづったものです。

＊＊＊

壊れていく家族

私の息子は不登校のひきこもりでした。

息子の名前は、裕太。コンピューター関係の道に進みたいとのことで、工業系の高校に通っています。

入学して間もなくサッカー部に入り、毎日暗くなるまで練習しています。

そして帰ってくると、

「お母さん、ただいまー！」

「お腹へったー、ごはん、ごはん！」

と言って、私の料理をおいしそうに食べてくれます。

小学校の頃は小さくて泣き虫だったのに、今では見上げるくらいに大きくなって、とても明るく元気になりました。

あの頃のことがまるで嘘のように……。

不登校が始まったのは、忘れもしません、裕太が13歳、中学校に入って間もなくのときです。

はじめは「頭が痛い」「おなかが痛い」といった理由で月に2回くらい休む程度でしたが、夏休みが終わって2学期が始まっても、学校に行こうとしませんでした。

「裕太！　早くしないと遅刻するわよ！」

「いつまで寝ているの！」

「学校行かないつもり？」

私が問いつめるたびに、「頭が痛いから……」「気持ちが悪い」と言い訳をしていた裕太も、やがて、布団にもぐったまま何も言わなくなってしまいました。

「いつまでも学校行かないと、落第しちゃうよ！」

布団をはがそうとしても必死に抵抗して奥へ潜り込み、絶対に出てきません。

具合が悪いのならと、病院へ連れて行こうともしましたが、裕太は頑《がん》として拒否するのでした。

私が見たところ、裕太の体調は悪くはなさそうでした。顔色はあまり良くないとはいえ、熱もなさそうだし、食事もそれなりに食べるのです。

学校で何かトラブルがあったのではと、担任の先生に相談し、何度か家にも来てもらいました。しかし、いじめなどの問題はなさそうです。

理由はわからないまま、先生の提案で、いわゆる「保健室登校」をさせることにしました。裕太はこれもいやがったのですが、主人がなかば無理やり連れて行きました。しかし、まったく効果はありませんでした。

最初は穏やかだった主人も、2学期の終わりごろには、

「いつまでそうやっているんだ、いい加減にしろ!」

と怒鳴り出す始末。夫婦仲も悪くなり、顔を合わせればケンカをするようになっていました。そんな家庭から逃れたかったのか、主人の帰宅はどんどん遅くなり、私は一人、暗いキッチンでボーッと床を見つめるばかりの日々が続きました。

無言でご飯を食べる裕太に、「裕太のせいで、家族がバラバラよ! お願いだか

ら、学校へ行って！」などと言ってしまったこともありました。すると裕太はパチンと箸を置き、何も言わず部屋へ閉じこもってしまうのでした。

この先どうなってしまうのだろう。

もう、いっそ……。

考えてはいけないことが頭をよぎる日さえありました。もう、どうしたらよいのか、わかりませんでした。

友人が教えてくれた、ある方法

そんなある日のことです。パートの帰り、夕食の買い物を済ませてトボトボと歩く私に、「もしかして、Mちゃん？」と声をかける人がいました。

「？？？」

すぐには気がつきませんでしたが、よく見ると、小学校のときからの幼なじみ。高校時代は同じバスケ部で、ずっと仲良しだった子でした。最後に会ったのは高校卒業から2年後の、彼女の結婚式のとき。20数年ぶりの再会でした。

彼女は結婚後ご主人の転勤で引っ越しを重ねていましたが、最近また地元に戻ってきたのだそうです。

その後、私たちはよく会うようになり、昔の思い出や近況について話し合いました。

何度目かに会ったとき、私は思い切って、彼女に裕太のことを打ち明けました。裕太の問題で頭がいっぱいだった私は、時間がたつのも忘れ、心にたまったものを吐き出すように、この1年間のことを話したのです。

聞き終えた彼女は、静かにこう言いました。

「大丈夫、いい方法があるよ」

私は一瞬、言葉を失いました。

「この苦しみを解決する方法がある……?」

彼女はカウンセラーでも専門家でもありません。だから、すぐには信じられなかったのです。

しかし話を聞くうちに、私は驚きで鳥肌が立っていくのを感じました。

彼女はこの数年、娘の不登校とひきこもりに苦しみ、「ある方法」で立ち直らせた、というのです。

その方法を、私は彼女から教えてもらいました。

あまりにも単純で簡単なその方法に、初めは疑いの気持ちを感じなかったわけではありません。しかし私は、すがる思いでそれを試してみようと思ったのです。

友人が教えてくれたのは、次の３つでした。

・子どもが生まれたときの喜びを思い出す
・子どもと共有したさまざまな出来事を思い出す
・それを、子どもに毎日さりげなく話して聞かせる

そして最後に、彼女は熱い口調でこう言うのでした。

「できるとか、できないとか考えないで、とにかく毎日やってみるの。うまくいったらそれでいいし、ダメだったら、また次の日がある」

「難しく考えないで、とにかく毎日続けてみて」

「そして信じて待つの！」

笑顔で励ましてくれる彼女と別れ、私は期待と不安を胸に家路につきました。

最初の一歩

その夜私は、帰宅した主人に、その日の出来事を打ち明けました。

少し前に街で偶然再会した旧友に、裕太について相談したこと。

彼女の子どもも以前不登校だったけれど、ある方法で立ち直らせたこと。

その方法を彼女から教えてもらったこと。

私もその方法を裕太に試してみたいこと――。

黙って聴いていた主人でしたが、返ってきた言葉は冷たいものでした。

「そんな簡単に不登校が直るはずがない。たまたま彼女の子どもが立ち直ったからといって、裕太が同じように立ち直れるとは限らない。だいたい、町で偶然声をかけられるなんておかしい。何かの宗教なんじゃないのか？」

主人はそう言うと、お風呂場へ行ってしまいました。

私はその言葉に何も返すことができず、「主人なんかに相談するんじゃなかった……」と後悔しながら、しばらくキッチンに立ちすくんでいました。最後の望みさえ絶たれてしまったような気持ちでした。

それでも、「できるとか、できないとか考えないで、とにかく毎日やってみるの」という彼女の言葉を思い出し、とりあえず自分一人でやってみることにしたのです。

とにかくやってみよう。さっそく明日から！

そう決心はしたものの、いったい何を話せばいいのかわかりません。いろいろなことが頭の中をめぐるばかりで、ベッドに入っても眠れずにいました。

しかし、ふと思い出したのです。結婚する前からつけ始め、下の子が生まれるまで続けていた日記のことを。

しまい込んでいた古い日記を取り出し、さっそく読み始めると、さまざまな記憶がよみがえってきました。

「出会ったばかりの頃は、主人も私の話を一生懸命に聞いてくれたのになぁ」

「こんなこともあったなぁ」

「そうそう、裕太が生まれたとき……」

日記を読みながら、私はいつの間にか眠ってしまいました。

1年半ぶりの言葉

翌朝、私は裕太に話しかけようとしましたが、できませんでした。

幼いときの思い出話を、裕太は聞いてくれるだろうか。聞いたら、どんなふうに思うのだろう……。そう考えると怖くなってしまったのです。

おかしいですよね。それまで毎日のように「もう起きなさい」「どうして学校へ行かないの?」などと口うるさく言っていた私が、そういう話題になると、何も

言えなくなってしまうなんて。たぶん、裕太の心以上に、私の心も固くなってい
たのかもしれません。
そこで私は、無理に話しかけようとせずに、裕太が近くにいるときに、独りご
とのように言ってみることにしました。
たとえばある朝、裕太の部屋へ洗濯物を取りに行くときに「このパジャマ、お
っきいね。昔はあんなにちっちゃかったのにね」「いつの間にかこんなに大きくな
ってたんだー」などと言ってみました。裕太は無言でした。
夕食のときに「そう言えばピーマンきらいだったよね。いつのまにか食べられ
るようになったんだね」とも言ってみました。やはり無言でした。
それでも毎日少しずつ、いろいろな思い出話を独りごとのように言い続けまし
た。裕太が生まれたときのこと――夜中に生まれたあの日のこと、初めて抱いた
ときの重さ、震えていた主人の手、私たち2人の間で光り輝いて見えたこと――や、
家族3人で遊園地に行ったときのこと。裕太からの返事がなくても、気にしない
ように心がけていました。

すると数日後、夕食を終えた裕太が「ごちそうさま」と言ったのです。半年ぶり、いえ1年ぶりに聞いた「ごちそうさま」でした。

私は飛び上がりたいほどの喜びをおさえ、平静を装いながら、「いっぱい食べたね」と言いました。

その日から裕太は、私の話に一言、二言、答えてくれるようになったのです。

1週間目くらいのときでしょうか。娘（裕太の妹）が生まれたときのことを話しながら、私は思わず感極まって涙を流してしまいました。

実は裕太が1歳の頃に2人目を妊娠し、体調が悪かったこともあり、裕太と距離をとっていたのです。まだまだ手がかかる時期の子が「ぽんぽんイタイの？」と私を気遣い、抱っこをねだることもなく離れてくれていることが正直、ラクではありました。

娘が生まれた日も病室になかなか入ってこなかった裕太。「もう治ったから大丈夫だよ」と言うと、「かぁかー！」と、泣きながら駆けより、子どもとは思えないほどの強い力で抱きついてきました。

甘えたい盛りの小さな子が、親を気遣い、我慢していたのです。

どれほど寂しかったことでしょう。

ふと見ると、裕太の目からも涙が今にもこぼれ落ちそうになっています。でも私に見られるのが恥ずかしかったのでしょう、「トイレ」と言うと、席を立ってしまいました。

それから裕太は少しずつ話をしてくれるようになり、2週間を過ぎた頃には、時々笑顔を見せてくれるようにもなりました。


主人にも変化がありました。

初めの1週間ほどは、気に入らない様子で見ていただけでしたが、しだいに私のしていることを理解し、少しずつ協力してくれるようになったのです。

裕太が小さい頃はよく面倒を見てくれていた主人ですから、主人なりに裕太のことを本当に心配していたのですね。だからこそ、私がプロのカウンセラーでもない友人のアドバイスに素直に従っているのが気に入らなかったのだと思います。

今思うと、あの方法を実践する前に主人に相談したのは、決して得策とは言えませんでした。毎日忙しくて疲れている主人をよけいに悩ませただけだったと思います。

友人が教えてくれたあの方法を、まずは私一人で黙って主人に対しても実行し、まずお互いの心をほぐしたほうが、ずっとスムーズにいったのではないか……。今はそういう気がしています。

以前の私は「話を聞いてくれない」「帰りが遅い」など、主人を責める気持ちがいつも心のどこかにあったからです。

そして、再び学校へ

その後も裕太は、日に日に元気になっていきました。

そして2か月が過ぎた頃、私が朝ごはんに呼びに行くと、裕太はすでに制服に着替えていました。

学校に行こうとしていたのです。私は努めて平静を装い、「朝ごはんできたよ」と言うのが精いっぱいでした。

裕太は何事もないような素振りで黙々と朝食を済ませ、小さな声で「行ってきます」と言うと、学校へ出かけていきました。

私も何事もないような素振りで「行ってらっしゃい」と、裕太を送り出しました。

その日、私は気が気ではありませんでした。

半年以上ほとんど行っていなかった学校で、裕太は大丈夫だろうか？　クラスの子たちは裕太にどんなふうに接するのだろう。先生は……。

いろいろな想いが頭の中を駆けめぐります。

でも友人の「信じて待つの」という言葉を思い出し、何とか落ち着きを取り戻しました。

夕方、担任の先生から電話があり、「裕太君は以前と同じように授業を受け、クラスも自然に受け入れていましたよ」と知らせてくれました。ホッとしていると、まもなく裕太が何事もなかったかのように帰ってきました。

「学校どうだった？」と、口まで出かかった言葉を私は飲み込み、ふだん通りに接しました。

その夜、裕太が自分の部屋へ行った後、私たち夫婦は静かに乾杯したのでした。


裕太は本当に元気になりました。「頭が痛い」とか「おなかが痛い」と言って休むこともなく、ふつうに学校に通っています。

「おはよう！　お母さん、お父さん」

元気に起きてくる裕太の顔を見るたび、私にはあの1年が、夢だったのかなとさえ思えてくるのです。

実を言うと、裕太が不登校・ひきこもりになった原因は、立ち直った今もよくわかりません。今となっては、その話題に触れる理由もありません。でも、私なりに当時を振り返ると、いじめとまではいかなくても、学校に馴染めなかったのかなぁと思うところはあります。

ただ、クラスに馴染めなかったことが、本当の理由ではないような気もするのです。

結局のところ、本当の原因は裕太本人にしかわかりません。ひょっとすると、本人もわかっていないかもしれません。でも、今、元気いっぱいに毎日を楽しんでいる姿を見ていると、原因なんかはどうでもいいという気がしてくるのです。

原因をつきとめ、取り除くことは時には重要なことかもしれません。

特に、子どもが学校でいじめられているようなときは、何よりも早く、いじめを止めさせるべきだと思います。しかし、原因を突き止めることは、時に誰かを責めることになってしまうかもしれません。

私たち家族もそうでした。

最初はどうして学校に行かないのか、裕太を問い詰めました。

何も言ってくれない裕太にいらだった私は、やがて「裕太のせいで……」と責めるようになり、裕太はますます心を閉ざすようになってゆきました。

最初は冷静だった主人も、私や裕太にイライラをぶつけるようになっていきました。そして仕事の帰りも遅くなり、帰ってきても私とほとんど言葉も交わさず、ただお風呂に入って眠るような生活になっていったのです。

私は私で、裕太を責め、主人を責め、そして自分を責め……もう、どうしてよいかわかりませんでした。

結局私たちは、原因を探そうとしても、何も得られなかったのです。

もしあのまま、友人に出会わなかったら……そう思うと、ぞっとします。

＊＊＊

Mさんのレポートはここまでです。

レポートに登場したMさんの友人は、以前に私のアドバイスで不登校から脱出し、私の教えをMさんに伝えました。

1年に及ぶMさんの奮闘は、あなたやあなたのご家族の悩みに大きなヒントを与えるのではないかと思い、本書の冒頭に取り上げさせていただきました。

友人を介してMさんに伝わった私のアドバイスは次の3つです。

子どもが生まれたときの喜びを思い出す
子どもと共有したさまざまな出来事を思い出す
それを、子どもに毎日さりげなく話して聞かせる

とても単純なことなので、あなたにも今すぐできるのではないでしょうか？

ただし、あなたがMさんと同じようにできなかったとしても、決して自分を責めないでくださいね。人は一人ひとり違うのですから。できないことに気持ちを向けるより、たとえわずかずつでも、できることに心を向けてください。

一つひとつは小さくても、それが積み重なれば、やがて大きな成果となって返ってくるものです。

あなたのために…

本書を手にとってくださったあなたには、おそらくお子さんのことで、何か悩みがあるのだと思います。

あなたのお子さんは、今、何歳ですか？

5歳？　10歳？　小学生？　中学生？　高校生？　大学生？　25歳？　30歳？　40歳？

あなたのお子さんが何歳であっても、実はほとんど関係ありません。なぜなら、この本は、あなたへ向けて書かれたものだからです。

私はこれまで、不登校やひきこもりなどで悩む2万組以上の親子をサポートしてきました。

また、28年以上にわたり、心と身体の関係について研究してきました。そこでわかったのは、心も身体も物理的には同じものであり、その本質は「エネルギー」だということです。

エネルギーである心や身体を元気にするには、良いエネルギーが必要です。身体には身体を元気にするエネルギー、つまり、良い食べ物が必要ですし、心には心を元気にするエネルギー、つまり良いコミュニケーションが必要です。

あなたのお子さんの心を元気にするにも、良いコミュニケーションが必要です。その大事な前提となるのは、それを伝えるあなた自身が元気でなければならないということです。

ひょっとするとあなたは、「難しそう」と感じているかもしれませんね。

でも大丈夫、難しく考える必要はありません。読み進めるうちに、だんだん「なるほど、こういう感じなんだ……」とわかってくると思います。

ですから、軽い気持ちで読み進めてください。

この本は、あなたのために書かれたものなのですから。

1章

どうして、うちの子が!?
子どもの気持ちが
わからなくなったら…

学校に行けない理由

お子さんが学校に行けない理由を、あなたはどのように考えていますか？


学校に問題がある。

先生が悪い。

友だちのせい――。


いくつもの理由が複雑に絡み合っていると考えている人もいるでしょう。

しかし、どれも正しい答えではありません。

実は、お子さんが学校に行けない理由は、たった1つなのです。

「そんなはずはないでしょ。子ども一人ひとり違うはずよ！」

「うちの子の不登校の原因は、何だかわからないのよ!」

もしかしたら、そう思われるかもしれません。

しかし、子どもが学校へ行けない理由は1つしかなく、その理由と解決法を誰も知らないために、全国の何十万人もの子どもたちが学校に行けずにいるのです。


たった1つのその理由。

それは、「恐れ」です。

あまりにも単純な答えで、びっくりされたでしょうか?

しかし、心理学や生物学においても、これはまぎれもない事実なのです。

人間に限らず生物は、「苦痛」を避け、「快楽」を求めるよう遺伝子によってプログラムされています。

特に私たち人間は、過去に受けた苦痛を「恐れ」として記憶し、再び同じ苦痛を受けないように回避しようとします。

つまり、学校に行けない子どもたちは、学校に行くことによって受けるかもしれない苦痛を避ける（恐れる）ために、学校へ行かない（行けない）のです。考えようによっては、人間として正常な行動と言えるのかもしれません。

学校で受けるかもしれない苦痛や恐れには、いろいろなものがあるでしょう。

・肉体的暴力
・精神的暴力（言葉、無視、差別、仲間はずれなども含む）
・将来に対する不安
・親の愛に対する不安（自分は愛されていないのではないかという不安）

これらに対する恐れから、子どもは学校に行けなくなってしまうのです。

子どもには「3つの敵」がいます

しかし、これらの苦痛や恐れに日々さらされながらも、元気に登校している子どもたちもいます。

学校に行ける子と行けない子、その違いは何なのでしょう?

それを考える前に、子どもには「3つの敵」がいる、という話をしましょう。お子さんから学校へ行く元気を奪っている、本当の敵。それは次の3つです。

・「第1の敵」

世の中には、お子さんの心を傷つけ、元気を奪うような言葉を言う人、行動をする人がいます。この人たちが「第1の敵」です。

もちろん、世の中の99%以上は、親切で心優しい人々だと私は信じています。

しかし残念なことに、お子さんの心を傷つける他人がいるのも事実なのです。学校でのいじめは、その代表です。ほかにも、無知な教師の心ない言葉や無関心。周囲の大人の心ない言葉や無関心。

どんなにあなたが、お子さんをこれらの敵から守ろうと思っても、完全に守ることは無理でしょう。365日、24時間、お子さんを見張っていることはできないからです。

そう、「第1の敵」の厄介《やっかい》なところは、「完全に防ぐことができない」という点です。

でも、そんなに心配する必要はありません。と言うのも、「第1の敵」は、次に書く「第2の敵」に比べたら、お子さんへの影響力は100分の1以下、つまり1%以下しかないからです。

・「第2の敵」

「第1の敵」以上にお子さんを傷つける「第2の敵」。それが親だと知ったら、あなたはどう感じるでしょう。

「そんなバカな！　私は子どもを愛しているわ！」

「親の私が子どもを傷つけるはずがない！」

そんな声が聴こえてきそうです。

しかし中には、「ちょっと心当たりがある……」という方もいるのではないでしょうか？

これはとても重要な話なので、しっかり受けとめてください。

「子どもに最も大きな影響を与えるのは、親の言葉、行動、生き方である」

これは、私自身が子どものときに不登校で苦しんだ経験や、2万組以上の不登校に悩む親子を支援してきた経験から、確信していることです。

もちろん、お子さんを誰よりも愛しているあなたは、お子さんにとって、いちばんの味方です。しかし、愛しているからこそ、ときには最も傷つける存在になってしまう危険があるのです。

だからと言って、あまり重く受けとめないでください。親子関係とは、あなたが思っているよりずっとシンプルなのですから。

先ほどの「子どもに最も大きな影響を与えるのは、親の言葉、行動、生き方である」という言葉をふり返ってみてください。

これはつまり、親であるあなたが、明るく楽しく、元気に生きていれば、お子さんも自然と明るく楽しく、元気になるということです。お子さんの行動に、いちいち動揺するのをやめて、あなた自身の人生、生き方に意識を集中してください。

確かにお子さんが学校に行けないのは心配でしょう。しかし、そのことで、あなたの心をいっぱいにしないでください。

あなたが悩めば悩むほど、お子さんは苦しみます。お子さんの元気を奪ってしまうことになるのです。

愛する人が苦しむ姿を見るのはつらいですよね。お子さんにとっても、愛するあなたが悩む姿を見るのは、とてもつらいことなのです。

ひょっとして、気づいていない人がいるかも知れないので、念のために言っておきます。

お子さんはあなたを愛しています。世界中の誰よりも。

たとえ今はそっけない態度をとっていても、無視していても、暴言を吐いているとしても、お子さんはあなたを愛しています。むしろ、愛しているからこそ、傷つくのが恐くて素直になれないのかもしれません。

だからこそ、あなたは明るく、楽しく、元気に生きなければならないのです。大切なお子さんのために。

・**「第3の敵」**

「第3の敵」は、自分。自分というのは、お子さん自身のことです。

お子さん自身が、自分のことをどう思っているか。それがお子さんの将来に最も大きな影響を及ぼすのです。

子どもたちのこんな悲しい言葉を、あなたも聞いたことはありませんか？


どうせ僕なんて……。

私なんかいないほうがいいんだ。

もうどうなってもいい。ほっといて……。

僕には無理。消えてなくなりたい。

死にたい……。


お子さんのこれらの言葉は、「自分は誰からも必要とされていない」「自分は愛されていない」という悲しい誤解から生まれてくる言葉です。

もしも、お子さんがこの悲しい誤解を持ったまま成長していけば、どうなってしまうでしょう。

大切な決断をするときに「僕（私）には無理」とあきらめてしまうかもしれ

ません。

素敵なチャンスが巡《めぐ》ってきても、「どうせ私なんて」とチャンスを逃してしまうかもしれません。

失敗や挫折をしたときに、「消えてなくなりたい」と思ってしまうかもしれません。

だからこそ、あなたは1分1秒でも早く、お子さんの悲しい誤解を解いてあげなければなりません。

「あなたは必要とされている」「あなたは愛されている」という本当の事実を伝えてあげなければならないのです。

お子さんが、「僕は必要とされているんだ！」「私は愛されているんだ！」と、心の底から気づくことができたら、もう何も恐れることはありません。将来にわたって、どんな敵が現れても、どんな困難にぶつかっても、お子さんは力強く乗り越えていくことができるでしょう。

最後に1つ、大事な話を加えておきましょう。

「3つの敵」は、あなたにも同じようにいます。

自分自身に置き換えて考えてみてください。

本当に手ごわい敵は、あなたのまわりにいる誰かではありません。あなた自身の中にいるのです。

「3つの敵」に打ち勝ち、最初にあなたが「私は愛されているんだ！」という事実に気づいてください。そして、その喜びをお子さんにも伝えてあげてください。

あなたの言葉はお子さんの未来への予言です

では、先ほどの疑問に戻りましょう。

同じように学校生活に「恐れ」を持っていても、学校へ行ける子と行けない子がいるのはなぜでしょうか。

行ける子と行けない子の違いは、学校に対する「恐れ」があっても、それを打ち消す力を持っているか否かの違いです。

その力とは、ずばり、「愛」です。**心の中に愛がどれくらい貯えられているか、**なのです。

「愛」という言葉がピンとこなければ、元気、心のエネルギーと言い換えてもいいでしょう。

子どもは親や家族から愛されることで、自分自身に価値があること、自分の

素晴らしさを学びます。そして、親や家族の生き方を見て、自分の将来に希望をもつのです。

だからこそあなたは、どんなときも子どもを励まし、勇気づけなければなりません。そしてあなた自身が人生を楽しむ姿を見せなければならないのです。

こんな女性がいました。

「私は今まで苦労の連続でした。もちろん今だって不幸です。朝から晩までストレスいっぱいの会社で働いて、それでも給料は安くて、将来に希望なんか持てません。お先真っ暗です。だからこの子にだけは将来幸せになってほしいのです」

果たして彼女のお子さんは、今日を楽しく生きられるでしょうか？　未来に希望を持てるでしょうか？

とてもそうは思えませんよね。この方自身が「自分は不幸」だと思っているからです。

たとえあなたが今、この方と同じようにストレスいっぱいで、お金もなく、苦しくても、お子さんに対しては「あなたがいるからお母さん、お父さんは幸せよ！」と言ってあげてください。

お子さんにはそれで十分なのです。

お子さんはあなたを愛しています。世界中の誰よりもあなたを愛しています。だから、お子さんにとって、あなたの言葉は絶対なのです。たとえ表面上はどんなに反抗していても、口答えしても、無視していても、親であるあなたの言葉は絶対です。あなたが**お子さんに向ける言葉は、お子さんの未来への予言**なのです。

実際、お子さんが将来、幸せになるか、不幸になるかは、あなたが今、幸せかどうかにかかっているのです。

「そんな馬鹿な‼」「そんな単純なわけない！」「私のせいにしないで！！！」と思われるかもしれませんね。

でも、私がそう考えるには、ちゃんとした理由があるのです。

あなたのお子さんは、心の中で「僕は将来、お父さんのようになるのかな」「私は将来、お母さんのようになるのね」と感じています。

もし、今あなたが「私は不幸だ……」と感じているとしたら、お子さんも「僕も将来、お父さんみたいに不幸になるのかな」「私も将来、お母さんみたいに不幸になるのかな……」と感じてしまうのです。

だからこそあなたは、1分1秒でも早く、「私は幸せ！」と感じるようにならなければならないのです。お子さんのために！

もし、今すぐ幸せと感じることができなくても、大丈夫。

「私は幸せ！」と言葉に出して言ってください。毎日言葉に出して続ければ、少しずつ、そう思えるようになります。

大事なことなので、もう一度書きます。

「あなたの言葉はお子さんの未来への予言」なのです。

どうか、お子さんに良い予言を聴かせてあげてください。

「お父さん、お母さんは今とっても幸せだよ！　だからお前にも素晴らしい未来が待っているよ！」

そう言ってあげてください。


子どもは、いつかは自立します。いつまでも親がそばについて見守っているわけにはいきません。いつかは離れ離れになる日が来ます……必ず。

だからこそ、子どものうちにたくさん愛してあげてください。そして、自分自身を愛することを教えてあげてください。今ある幸せを感じる方法を教えてあげてください。

それがお子さんが幸せになる、いちばんの近道なのですから。

「生まれてこなければよかった」「どうなってもいい」…はウソなのです

お子さんが思春期になると、親には子どものことが見えづらくなってきます。男の子は特に、家での口数が減る場合が多いので、お母さんは「何を考えているか、わからない！」と悩みがちになります。

勉強もあまりしていないようだし、交友関係もわからない。もしかすると不良とつき合っているかも……。そのような状況になってくると、往々にして、親子でのぶつかり合いが始まります。

「いったい何を考えているの！」「勉強はちゃんとしているの？」「悪い子たちとつき合うのはやめなさい！」

ついガミガミ言ってしまう親に、お子さんも暴言を吐くことがあります。中には「なんで僕（私）なんかを産んだんだ！」「こんな家に生まれてこなければよかった」などの言葉をぶつけられ、滅入《めい》ってしまう親御さんもたくさんいらっしゃいます。

Sさんもその一人。相談を受けたとき、Sさんの息子さんは中2で、不登校になって4カ月目でした。

中学に入学後、最初は良かった成績がどんどん下がっていった息子さん。不良グループとつき合うようになり、学校帰りの寄り道や、喫煙で学校に呼び出されるようなことが、しだいに増えてきました。

さんざん咎《とが》めるSさんに、ある日息子さんは言いました。

「もうどうなってもいい！」

「僕なんか死んだほうがいいんだ！」

「こんな家に生まれてこなければよかった！」

以来Sさんは、息子さんのそんな言葉をもう一度聞くのが怖くて、学校のことも、部活のことも、いっさい話題にできなくなってしまったそうです。

すっかりふさぎ込んでいるSさんに、私ははっきりと申し上げました。
「息子さんの言葉は、すべて嘘です。気にしないでください。お子さんの言葉の裏にある、本当の心に気づいてください」と。

息子さんの**本当の心の声**。
それは「助けて!」「さみしいよ」「もっと愛してよ」です。

そして私はSさんに、こうも申し上げました。
「あなたはひょっとして、自分が傷つくのが怖いのではないですか? 大丈夫です、怖いのはあなただけではありません。みんな怖いのです」と。

同じような状況にある人も、どうか安心してください。
みんなみんな不安を抱えて生きているのですから。大丈夫、あなたは一人じゃありません。

どうして反抗するのでしょうか？

思春期というのは、子どもの心が不安定になる時期です。思春期でなくても、学校へ行けなくなっている子どもの気持ちは常に揺れ動いているものです。

そこへ親が少しでも注意したり、怒ったような声を出したりすると、大きな声でわめいてみたり、返事をせずに自室にこもってしまったり……。

そんなお子さんの反抗的な態度に悩み、どうしたらいいのかわからなくなっている親御さんは多いことでしょう。

大人だって人間です。子どもが反抗的な口のきき方をしたり、無視したり、ましてや暴力をふるってきたりしたら、頭にきますよね。自分の子どもでも「死ねばいいのに」なんて思うことだってあるかもしれません。

でも、そこで冷静に考えてみることが大切です。

お子さんは、なぜ反抗するのでしょう。

反抗したら楽しいのかな？　嬉しいのかな？

……そんなはずはありませんよね。

ではなぜ……？　ここまで読んできたあなたには、きっとわかると思います。

そう、**お子さんは怖いのです。傷つくのが……**。

あなたに傷つけられるのが、ものすごく怖いのです。

なぜかと言うと、あなたを愛しているからです。愛している人に傷つけられるのは、ものすごくつらいことなのです。だから**反抗することであなたを遠ざけ、傷つけられないようにしている。ただそれだけなのです。**

ひょっとするとあなた自身も、傷つきたくなくて、お子さんを遠ざけるような行動をとっていませんか。

大人だって、子どもだって、傷つけられるのは怖いのです。

それがわかれば、今度、お子さんが反抗してきたとき、あなたの感じ方が違ってくるのではないでしょうか。

だからと言って、お子さんに「そうか、傷つけられるのが怖かったのね」などと言っても、すぐには受け入れてもらえないでしょう。

少しずつ、少しずつでいいのです。ちょっとずつ、優しい接し方をしてください。ちょっとずつ、優しい言葉を増やしていってください。

大丈夫、心配いりません。お子さんの本当の気持ちを知っただけで、あなたはもう変わり始めましたよね。だから、お子さんもすぐに変わり始めますよ。

ほとんどのお子さんは単に親の真似をしているだけ。親が精神的に落ち着きを取り戻し、毎日幸せな気持ちで生活していけるようになれば、子どももすぐに落ち着いてきます。

大丈夫。あなたは強くて優しいエネルギーを秘めています。

なぜそんなことが言えるのかって?

あなたがこの本を手に取って、ここまで読んでいることが何よりの証拠です。

あなた自身の強くて優しいエネルギーに気づいてください。

「子どもをわかってあげたい」「子どもにわかってもらいたい」あなたはどちらですか？

子どもに気持ちを伝えたい。親の気持ちをわかってほしい。

親ならば、誰もが持つ思いでしょう。

まして、わが子が不登校やひきこもりを続けていれば、

「私がこんなに悩んでいるのに、どうしてこの子はわかってくれないの！」

「こんなに真剣に話しているのに、なぜうちの子は行動してくれないの？」

といったいらだちも、しだいに募ってくるものです。


しかし、そこで胸に手を当てて考えてみてください。

お子さんに自分の気持ちをわかってもらう前に、あなたはお子さんの気持ちを本当に理解してあげているでしょうか。

お子さんに理解されたい気持ちと、お子さんを理解したい気持ち。あなたにはどちらの気持ちが強いですか?


ひょっとして「理解されたい!」という気持ちのほうが強くないでしょうか。

実は私自身、ずっと子どもたちに「理解されたい」と思い続けてきました。相手を理解しようと努力もせずに、理解されたい! 理解されたい! わかってほしい! わかってほしい! と、自分の欲求ばかりを押しつけていたのです。

しかしあるとき、気づきました。先に相手を理解しなければ、理解してもらえないのだと……。


私には3人の息子がいますが、長男がまだ小4だった頃の話です。

彼は少しまじめ過ぎて不器用なところがあるのですが、その日彼は夕食の時間、他のみんなが食卓についても自分の部屋から出てきませんでした。

私は子ども部屋に向かい、空腹もあって怒りにまかせてドアを開けました。

「何やってるんだ! みんな待ってるんだぞ! ごはんが冷めちゃうじゃな

いか！」

彼は何も答えませんでした。ただ彼の涙がノートの上にポタポタ落ちるだけでした。彼は宿題で行き詰まり、にっちもさっちも行かなくなっていたのです。そのときハッと気づいたのです。私も彼も相手を理解しようとはしていないことに。

私は自分の主張を理解させようと怒りをぶつけていました。

彼は自分の心を守るために、私から目も耳も心も背けたのです。

当然、その日の夕食は暗く、味気ないものになりました。

あのとき私が、「どうした？　宿題わからないのか？　あとでパパが見てあげるから心配するな！　さあ、一緒にごはん食べよう！」と言えていたら、きっと楽しい夕食になっていたはずです。

今の世の中では、親であり、大人である私たち自身が、孤独感や疎外感にさらされています。日常生活で誰からも理解されず、認められずにいるのです。

職場、地域社会、PTA、家族間。どこにいても、ひたすら自分の主張をする人ばかりで、相手をじっくり理解しようというゆとりをみんなが持てずにいます。誰もが「もっと理解されたい」と思っているのですが、そのような状況ですから、なかなか欲求は満たされません。

もしかしたら、あなたもそうではないですか？

でも、**理解してもらうには、「理解されたい！」という想いを抑え、相手を理解することから始めなければなりません。**

自分の気持ちを抑え、相手の話を聴くのは、とても根気がいります。しかしその努力によってあなたは相手から信頼され、理解してもらえるようになるのです。

お子さんの話をひたすら聴きながらも、あなた自身の心に不満や寂しさ、怒りや恐れがあふれてきて、どうしても落ち着いて子どもの話を聴くことができないときもあるかもしれません。

そんなときは、あなたの想いをノートに書き出してください。信頼できる人にメールや手紙を書くのもとても良いと思います。

心に溜まった想いを吐き出してください。そして、すっきりした気持ちで、お子さんの話を聴いてあげてください。

あなたが心を空っぽにすれば、お子さんも話しやすいのです。

逆に、あなたが不満や怒りを溜め込んで暗い顔をしていては、お子さんが気持ちを打ち明けられるはずもありません。


あなたがすっきりした心でお子さんの話を聞き、気持ちを理解していくと、その過程で不思議なことが起こります。

特に何も伝えなくても、お子さんは、自然にあなたの想いを理解するのです。

理解してから、理解される。

相手を理解するのが先で、自分が理解されるのが後です。逆はありません。

相手を受け入れてから、自分が受け入れられるのです。子どもの気持ちを受け入れてから、親の気持ちが受け入れられるのです。

お子さんを理解しようとするときに大事なのは、お子さんの気持ち、感情を理解してあげることです。**どんなにつらかったか。どんなに悲しかったか。どんなに悔しかったか。どんなに怖かったか。どんなに寂しかったか……。**

気持ちを共有できたとき、初めてあなたとお子さんは同じ場所に立てるのです。「自分の気持ちをわかってくれる人がいる」。お子さんにとって、これほど心強いことはありません。

お子さんの気持ちを理解したとき、あなたがお子さんにいつも伝えたい気持ち——お父さん、お母さんはいつでもあなたの味方だよ！——が伝わります。言葉で伝えなくても、あなたがお子さんを理解してあげることで、本当に大切なことが伝わるのです。

焦らず、心を空っぽにして、お子さんの心の声に耳を澄ましてください。きっと心の声が聞こえてくるはずです。

誰もが、「子どもの気持ちがわからない」のです

親というのは、子どもの気持ちを理解しようと努力すればするほど、「うちの子の考えていることは、さっぱり理解できない」と悩むものです。そんなときは、親としての自信を失いかけてしまうかもしれません。

でも、大丈夫。あなたがお子さんの気持ちを全く理解できないとしても、あなたが悪いわけでも、お子さんが悪いわけでもありません。親が子どもの気持ちを理解できないのは、普通のことなのです。

なぜなら**子ども自身、自分が何を考えているか、何を思っているか、説明できない**からです。

これは何も子どもに限ったことではありません。大人のあなたにだって、感情がグルグルと渦巻くばかりで、考えがまとまらないときや、うまく言葉で説

明できないことは、よくあるのではないでしょうか。

だから理解できなくてもいいのです。

今はまだわからなくても大丈夫。

わからないからこそ、人は相手をわかろうと努力し、話を聴こうとします。わからないからこそ、相手に対し、興味や関心が湧くのです。

大切なのは、相手の気持ちを理解しようとする姿勢です。

人は往々にして、自分に理解できないものを否定しようとしますが、別に理解できなくてもいいのではないでしょうか。

何を考えているのかさっぱりわからなくても、あなたにとってお子さんはかけがえのない大切な存在のはず。理解できなくても理解できないまま、そう、ありのままに受け入れればいいのです。

「何を考えているのかわからないけど、大切な存在」

「よくわからないけど好き……」

それでいいのです。

人は不安の中にいると、思考が停止してしまうものです。怖くて怖くて、何も考えられなくなってしまうのです。

あなたのお子さんも、今そういう状態なのかもしれません。

「聞く」のではなく、「聴いて」ください

子どもの気持ちがわからない――。もしかするとその原因は、あなたがお子さんの話を聴けていないためかもしれません。

「そんなことはない。いつもちゃんと聞いている」

「どんなことを考えているか、できるだけ聞き出すようにしている」

そう思うかもしれませんが、「聞く」のと「聴く」のは違います。次々に質問を投げかけて「聞き」出そうとしても、子どもの本当の気持ちが「聴け」るとは限りません。

試しに、ふだんお子さんと会話しているときに、それぞれがどのくらい話しているかを思い出してみてください。

半々ではあなたが多すぎます。お子さんが7、あなたが3でも多いです。

では、どのくらいがいいのでしょう。

お子さんが10伝えてくれたら、あなたが2伝える。そのくらいでちょうど良いのです。

ひょっとして、あなたはしゃべりすぎていませんか？


実は私の次男も、小学校3年生のときに登校拒否を起こしました。

「学校に行きたくない！」

ある5月の木曜日、当時9歳で小3の次男が「学校に行きたくない！」と言い出しました。

その日の朝も、次男は普通に学校へ行きました。

行ったはずでした……。

しかし、彼は学校へは行ってなかったのです。

学校へ行っていないことは、担任の先生からの電話で知りました。驚いた妻は子ども部屋に行き、ベッドに潜り込んでいる次男を発見したのです。

妻からその話を聞いた私は一瞬、「まさか！」と思いました。と同時に「ついに来たか……」そう感じたのです。

実は、新学期が始まってから徐々に元気をなくしていく次男に対して「5月病かな」と軽い気持ちで考えながらも、心の準備をしておいたのです。

私は迷うことなくある計画を実行しました。名付けて「記憶リセット計画」。

結局私は土日を含めると4日間、次男を休ませました。そして、次男に対して非常識とも思えるあることをしました。

次男が「学校に行きたくない！」と言ったとき、私は即座に「じゃあ、学校休んで東京ディズニーランドに遊びに行こう！」と笑顔で言いました。そして3泊4日で家族旅行をしたのです。

4日後、次男はクラスメイトへのお土産を持って元気良く学校に戻っていきました。「学校に行きたくない！」と言ったことがまるでウソのように。

私が次男に対してやったある計画とは――

1. 次男の話を聴いて共感してあげる（じっくり話を聞くことで子どもは安心し、本当の理由も見えてきます）。
2. 次男のストレスを取り除いてあげる（先生の協力を得て非常識なことをしました）。
3. 次男の自己重要感を高めてあげる（スキンシップやほめることを心がけました）。

たったこれだけです。

この3つを徹底的に心がけたことにより、次男は4日で学校に戻ることができました。

まずは、ひとつめの「話を聴く」に注目してみましょう。

私は4日間、長男のことは妻にまかせ、次男の話を聴くことに集中しました。

私が言う「話を聴く」は、子どもが口から発する言葉に耳を傾ける、という意味だけではありません。子どもと対するときは、言葉のやりとりだけに頼ってもわからないことが多いのです。

まして「本当の気持ち」を、子どもが言えるとは限りません。自分から言うとも限りません。また、私たち親が、子どもの「本当の気持ち」を理解できるとも限らないのです。

このことは、実は大人同士のコミュニケーションにもあてはまりますが、子どもとやりとりするときは特に、この点に気をつけなければなりません。子どもの不器用な表現だけを手がかりに「わかったつもり」になるのは危険です。

では、子どもの「話を聴く」とはどういうことか。

それは、子どもが全身から発しているメッセージを、あなたの五感を駆使して読み取ることです。

耳で聴くだけでなく、目で聴き、肌で聴き、においで聴いて、心で聴く。これによってあなたの中にお子さんへの「共感」が生まれるのです。

共感とは、相手が感じているままを感じることです。お子さんへの共感をあなたの中に芽生えさせ、伝えるために、私が次男に対してやったように次のことを全力で行ってください。

・怒らない、叱らない
・熱を測る（手をおでこに当てたり、おでことおでこをくっつけたり）
・全身を頭のてっぺんから足の先まで触って、ケガや震えやこわばりがないか確かめる
・顔色、目の色、目つきを確かめる
・口の中、のどの色、舌の色、歯を見て確かめる
・体に痛いところがないか聴く
・心に痛いところ（つらいこと）がないか聴く

・何があったか聴く
・どんな気持ちか聴く

共感してくれる人がいれば、お子さんは一人ぼっちでなくなります。寂しさは消え、勇気と元気が湧いてきます。

不登校やひきこもりになっている子どもというのは、一人ひとり状況に違いはあれ、みな不安を持っているのです。

「自分は愛されていないのではないか……」

「自分は誰からも必要とされていないのではないか……」

そんなお子さんの不安を消すために、あなたにできることは、とにかく子どもの話を徹底して「聴く」ことです。

批判したり、評価したり、意見を挟《はさ》んだりせずに、次の「正しい聴き方7か条」に注意しながら、ただひたすらお子さんの話を聴いてください。

コラム

正しい聴き方7か条

お子さんの話を聴く正しい方法を、次の7か条にまとめました。この聴き方により、**お子さんがどれほど苦しかったか、どれほど寂しかったかを感じてください。お子さんの想いを、共有してください。**

正しい聴き方7か条

1. あいづち　「うんうん」「へー」「そうなんだー」「なるほどー」など、合いの手を入れて、確かに話を聴いているということを相手に伝える。

2. うなずき　1のあいづちと合わせ、首を縦にふりうなずく。少し大げさなくらいにうなずいたほうが良い。

3. 質問
「それで、○○はどうなったの？」「どうしてそう思ったの？」

適切な質問はこちらが真剣に話を聴いていることを相手に伝える。

4. 姿勢
少し身を乗り出すような姿勢で、いかにも相手の話に興味があるということを体で表す。

5. 手
場面によってはメモを取る。メモを取るというのはいかにも真剣に聞いていることが相手に伝わる。

6. 顔
表情豊かに、相手が楽しい話をしているときは、楽しい顔、相手が悲しい話をしているときは悲しい顔をする。表情で共感を示す。

7. 言葉
決して相手の言うことを否定しない。反対意見を言う場合は、いったん相手の意見を認めておいて、「こんな案はどう？」と尋ねる。

ストレスの元がどこにあるかに気づきましょう

次に書くのは、私の次男が登校を拒否したときに実践したことの二つめ、「ストレスを取り除く」についてです。

学校へ行けないとき、行くのが怖いとき、子どもは何かしらのストレスを強く感じているのです。そのストレスを取り除いてあげるのも、親にできる大事なことです。

次のことを考えてみてください。

ストレスの元は、いったい誰なのか。

（例：先生、同級生、家族、親せき……）

ストレスの元は、どこにあるのか。
（例：学校、近所、クラブ、家庭）
ストレスの元は、いつからあったことなのか。
（例：昨日、1週間前、1か月前、1年前、明日もあることか…など）
ストレスの元は、いったい何なのか。
（例：いじめ、勉強、人間関係、健康…など）

ストレスの原因が特定の人物だとわかったときに、親はまずその相手に働きかけ、行動を変えてもらいたいと思うかもしれません。しかし、それは順番としては後です。

まずは、**お子さんをストレスの原因から「遠ざける」ことが先決**です。お子さんの身体と心の安全を確保することに、第一に取り組んでください。

相手に働きかけるなら、その後でお子さんの安全が確保されてから、何か行動を起こしてください。

私と次男の場合……まず学校を休ませ、ストレスから遠ざけました。

そして後日、担任の先生と面談し、

1．次男に対して遠慮しないでほしいこと

2．時には強く叱ってもかまわないこと

3．その代わり、ほめるときは大げさにほめてほしいこと

をお願いしました。

もしかすると、最初の2つを聞いて、意外に思われたかもしれませんね。

これには理由があります。次男の担任はこの年の4月からの新任だったのですが、次男は身体が小さいため、先生も遠慮があったようなのです。それに対

して以前の担任は肝っ玉母さんタイプで「強いコミュニケーション」を用いる方だったようです。

次男は強いコミュニケーションから遠慮がちなコミュニケーションになったことで、「先生は自分に関心がない」と感じたようです。

子どもの「自己重要感」を高める…それが親の仕事です

私が次男の不登校のときに実践したことの三つめは、自分は大切な存在なのだという「自己重要感を高める」でした。

「自己重要感」。

これは、自分を大事に思う気持ち、誇りに思う気持ちです。自分には、大切にされる価値がある、そう信じる気持ちのことです。

自己重要感を持った子どもは、少々のことではへこたれません。いじめに遭《あ》っても、「自分はいじめになど遭ってはいけない、価値のある人間なんだ」と、心を強く持つことができます。

逆に、自己重要感がないと、「自分なんてどうなってもいいんだ」「どうせ自分は……」というふうに思いがちです。自分を価値のないもの、意味のないもの、粗末なもののように思ってしまうのです。

では、子どもの自己重要感は何によって決まるのでしょう。どうしたら、わが子の自己重要感を高めてあげられるのでしょうか。

自己重要感というのは、「自己重要感の高い人から認められる」ことで、高められるのです。たとえば、親に褒められる、先生に褒められるといったことが、子どもが自分に誇りを持つきっかけになります。

私と次男の場合……。

あの日以来、私は常に子どもたちの自己重要感に注意を向けています。表情、行動、言葉から彼らの自己重要感を感じ取っています。そして自己重要感が下がってきたと感じたら、すぐに対応するようにしています。

たとえば、勉強を見てあげたり、一緒にランニングしたりプールに行ったり。もちろん毎日一緒にお風呂に入っています。

毎週のように何かしらの理由をつけてお祝いしますし、ちょっとしたことでも大げさにほめています。

最初はいやがっていた次男も、今では「すごーい！　天才!!」と長男や三男をほめるようになりました。

自分の身体や心を大切にすることも、自己重要感を高めるための大事な心がけです。どうかお子さんに、「あなたの身体や心を大切にしてね」というメッセージを、日頃から伝え続けてください。

「身体を大切にする」とは、具体的に言うと、運動する、睡眠を十分にとる、からだに良いものを食べる、本当に食べたいものを腹7分目食べるといったことです。

「心を大切にする」とは、人の役に立つ、趣味に熱中する、知識を増やす、プラスの言葉を使う、冒険するといったことです。

どんなことでもいいのですが、思い切った挑戦をすることも、自己重要感を高めます。何かに挑戦し、失敗し、自分で責任を取る。この一連の経験の中で、自分を誇りに思う気持ちが育つのです。

今の話は子どもにだけあてはまるわけではありません。親である私たちも、自分を大切にする生き方を、子どもに見せ続けたいものです。その姿から、子どもたちは学ぶのですから。

それから2年ほど経ったある日……、次男にあのときのことを聞いてみました。

「え、そんなことあったっけ？ ディズニー行ったのは覚えているけど」

次男のあのときの記憶は、ディズニーの楽しい思い出に置き換えられ、学校に行きたくないという気持ちは完全にリセットされたようです。

どうやら、私の「記憶リセット計画」は大成功だったようです。

悩みの深みにはまったときこそ、「良い面だけを見る」と決めてください

子どもの不登校やひきこもりは、親にとっても身を切られるようなつらいことです。時期が長引けば長引くほど、親の心にも不安が広がり、ネガティブな気持ちになっていきがちです。

この子はなぜ学校へ行ってくれないのか。

私がこんなに悩んでいるのに、この子はいったい何を考えているのか。

日に日に募っていくそんな思いから、子どもに対して怒りやいら立ちを覚えてしまうこともあるでしょう。

そうなると、すっかり忘れてしまうことがあります。

それは、お子さんの「良さ」です。

かわいい、愛しい、わが子。どの子にも、素晴らしい長所や才能があるはずです。優しさや素直さ、我慢強さもあるはずです。しかし悩みの渦中にあるとき、親はともすると、わが子の良さを見失いかけてしまうのです。

悩んでいる今だからこそ、子どもの良いところだけを見てください。お子さんにできること、良い部分、好きなことだけに、意識を向けてください。

するとあなたの中に、「この子はこのままで素晴らしい子なんだ」という誇りと安心がよみがえります。その気持ちはお子さんにも伝わり、お子さんの心の安定にもつながっていきます。

お子さんの良いところに改めて気づくための、6つの質問を挙げておきます。

コラム

子どもの良いところに気づく6つの質問

お子さんの得意なことはなんですか?

お子さんの好きなことはなんですか?

お子さんの素晴らしい部分はなんですか?

お子さんの優しいところはどんなところですか?

お子さんのかわいいところはどんなところですか?

お子さんの強いところはどんなところですか?

2章

親が気づかずやっている、子どもを追い詰める５つのまちがい

やってはいけないこと1

「学校に行きなさい」と言う

「行きなさい」か「行かなくてもいい」か

どの親も、常に「子どものため」を思っています。ましてや不登校、ひきこもりの状態になっていれば、なおのこと、親は子どものために心を砕くことでしょう。

しかし、それが常に的を射ているかというと、どうやらそうではないようです。「よかれ」と思ってやっていること、言っていることが、逆に子どもを追い詰めている――そんな皮肉な事態にも、往々にして陥《おちい》りがちなのです。

「よかれ」と思っていることが、かえって逆効果になっているなんて、悲しいですよね。しかし多くの親御さんがその落とし穴にはまってしまっているのを、私は長年見てきました。

この章では、そういう、親としてやりがちだけれど、「やってはいけないこと」を順に書いていきたいと思います。

まず一つめは、「学校に行きなさい」と言うことです。

「えっ、学校に行きなさいって言ってはだめなの？」

多くの親御さんが驚くことでしょう。「もう毎日のように言っている」「そう言うのは当然ですよね？」と思うかもしれません。

Aさんも、不登校を始めた中1の息子さんに、「学校に行きなさい」と言っていた一人でした。しかしあるとき、同じ経験を持つ数人の親御さんに言われたそうです。

「学校に行きなさい」は逆効果だよ。「行かなくてもいいよ」と言うことも必要だよ、と。

彼女はこのアドバイスを受け入れ、タイミングを見ながら、教えられたとおりに実行してみたそうです。

すると、ちょっと困ったことが起きました。息子さんに、何かの折に学校の話をすると、「お母さんは、行かなくてもいいって言ったよね？」と返してくるようになったのです。

Aさんは、そこで私に「どうしたらいいでしょうか」と相談してきました。私の答えも、経験者の親御さんたちと同様、「学校に行きなさい」と言ってはだめですよ、というものでした。


ちょっと考えてみてください。

もし、あなたなら、できないことを「やれ」と言われて、やる気になるでしょうか？　たとえば42度の熱があり、死ぬほどつらいときに「仕事に行け」と言われたら、あなたはどんな気持ちになりますか？

きっと「私は愛されていないんだ……」と思うでしょう。そしてますます元気をなくすでしょう。

実際、熱はなくても、学校に行けない子どもは、それくらいつらいのです。

では、Aさんが他の親御さんから受けたもうひとつのアドバイス、「学校へ行かなくてもいい」と言うことも必要だ、というのはどうでしょう。

実はこれも間違いです。

一般的に学校という環境は、子どもが学ぶには最適な場所です。行かなくてもいいということはありません。

だから「行かなくてもいい」ではなく、「自分で決めなさい」と言うのです。

ただし、この場合、大切なポイントがあります。

親子間にそれなりの信頼関係があり、「私（親）は○○（子ども）を信頼しているから、自分で決めなさい」と本心から言えるかどうかが前提なのです。

嘘ではだめです。**親の嘘を、子どもは全て見抜きます。**

子どもは元気になれば、ほとんどの場合、自分から進んで学校へ行くようになります。

しかし、学校へ行くためには元気が必要なのです。

あなたが普段から笑顔でいることが、お子さんにとっていちばんの元気の源です。お子さんの行動に一喜一憂せず、あなた自身が人生を楽しみ、お子さんに素敵な笑顔を見せてあげてください。

家にいると元気なのに学校には行けない…

中1の娘さんの不登校が続いているKさんも、「学校に行きなさい」と言っていいかどうか悩む親御さんの一人です。

娘さんは小6の後半からいじめのターゲットになり、中1の5月半ばから不登校が始まりました。

きっかけは、クラスの女子全員で一人の子をいじめるのを、娘さんが拒否したこと。翌日から娘さんに対する集団シカトが始まり、容姿をからかうような手紙が多数送られてくるようになりました。「風邪薬を1瓶飲めば楽になれるよ」という手紙をよこされ、娘さんがその言葉通りに飲んだこともありました。

そのくらい、心理的に追い詰められてしまっていたのです。

Kさんは母子家庭。負けず嫌いで正義感が強く、繊細さもある娘さんは、お母さんに心配をかけたくない気持ちが強いのでしょう、決して弱音を吐かず、つねに母親への気づかいを忘れないそうです。いじめも、初めのうちは家では悟《さと》られまいとがんばっていたようです。

転校もしましたが、2日しか通えず、とうとう家から出なくなった娘さん。

Kさんはできるだけ外に連れ出そうとしているのですが、以前クラスの女子たちに手紙で指摘された容姿を気に病み、外出したり人に会ったりするのをいやがるそうです。

Kさんは、娘さんに「学校に行きなさい」と言うべきか、病院にも連れていくべきか、このままではひきこもりになるのではないかなどと悩みが尽きません。娘さんの将来を思うと不安に押しつぶされそうになり、仕事にも集中できないと言います。

娘さんは現在、家ではとても元気にしており、楽しそうにゲームをしたり、お菓子を作ってみたり、犬と遊んだりしているそうです。

そんな娘さんを見ると、Kさんは、わが子ながらいったい何を考えているのかわからなくなり、「そんなに元気なんだから学校に行こう！」と叫びたくなることもあると言います。

Kさんにとって今いちばん大切なのは、娘さんの話をじっくり聴いてあげることです。反論したり、意見したり、否定したりせず、とにかく聴くことだけに集中することが大切です。

話すだけ話せば、娘さんも落ち着いてくるでしょう。

病院に行く場合は、まずはKさん一人で行くことを私は勧めます。信頼できる先生かどうかを確かめるためです。

しかし、病院の治療というのは、子ども本人にその意志がないと、ほとんどの場合、効果を得られないことは知っておいてください。

それよりも、容姿を気に病む娘さんには、お母さんの「私はあなたの顔が大好きよ！」という言葉のほうが必要かもしれません。娘さんは反論したり、「どうして？」と聞いてくるかもしれません。そのときは「だって好きなんだもん！」「あなたのことが大好きだからよ！」と言ってあげるといいでしょう。

学校へ行かない時期が長引くほど、「将来的にひきこもりになるのでは……」と心配になるのもわかります。ひきこもりを避けるために大切なのは、Kさんの愛が娘さんに伝わることです。

愛を伝えるには、娘さんを責めない、Kさんが自分を責めないということがまず大切です。娘さんを褒めることも大事ですし、Kさんが笑顔でいること、自分だけの楽しみを見つけることも、ぜひ忘れないでほしいものです。

「学校に行きなさい」と言う前にやるべきことがあります

最後に、問題の「学校に行きなさい」と言うべきかどうかについて。

絶対に守らなければならないのは、**「元気になる→学校へ行く」**という順番です。**その逆では決してありません。**

もし、元気になる前に無理に学校へ行かせようとすれば、Kさんは娘さんの信用を失います。娘さんを元気にすることに、まずは集中するべきです。

お母さんの「行かせたい」気持ちを押しつけるのではなく、娘さんの「行きたい」気持ちが今どのくらいかを読み取っていてほしいのです。

娘さんの行きたい気持ちを感じたら、「学校に行きたいなら、応援するよ！」「学校に行くときは手伝うね！」といった声がけをするといいでしょう。「お母さんは、必要なときには応援するよ」という意思を伝えると、娘さんは大きな安心感を得ます。

くれぐれも焦りは禁物です。心に不安があるうちは、未来のことを考えるのは苦痛でしかありません。今は娘さんを安心させることが第一。そしてKさん自身が生きがいを持って、毎日楽しく生活していることが大切です。そうすれば娘さんも将来、同じようにできるようになるでしょう。

親の生き方を見て、子どもはすべてを学ぶのです。親は子どもにいろいろなことを「教えたい」と思うものですが、**子どもは親に教えられたことではなく、親が生きる姿、生き方そのものから学ぶ**のです。ですから、子どもに伝えたいことは、自分自身の生き方で示すことです。

もっとも伝えてほしいことのひとつは、「自分自身を大切にすること」です。

あなたも今、お子さんの悩みで頭がいっぱいかもしれません。

しかし、もっと楽に生きてください。自分を変える必要はありません。無理に自分を変えようとすると、苦しいですよね。

自分が苦しいと他人（自分の子ども）を変えたくなってしまうのも問題です。相手を変えようとすれば、心が離れてしまいます。ですから自分を変えようとするのも、子どもを変えようとするのも、やめてください。

誰も変わる必要はありません。

必要なものは、すべて、あなたとお子さんの中にあるのです。

その「必要なもの」とは何か、あなたはすでにお気づきですよね。

そう、愛です。

大丈夫です。あなたとお子さんには、愛が、もっともっとたくさんあるのです。そのことに気づくだけで良いのです。

親はただ待つだけでいいのでしょうか?

「学校へ行きなさいとか、勉強しなさいなどとお子さんに言ってはいけませんよ」と私が言うと、「では、ただ待っているだけで良いのでしょうか?」という質問がよく返ってきます。

結論から先に言うと、ただ待っているだけではだめです。

もちろん、お子さんに「○○しなさい!」「○○はだめ!」などと言ったり、プレッシャーをかけたりするよりはいいのですが、何もしないでいるのはよくありません。

待つ＝何もしない、何も考えない、ではないのです。子どもの成長を待つ間

に、親が成長しなければならないのです。

子どもは、親が成長した分だけ成長します。子どもは親を見て、自分の未来を想像するのです。親を見て、自分の限界を想像するのです。

この想像力はとても強力です。なぜなら、想像は「現実」と違って限界がないからです。良い想像はどこまでも大きくなるし、悪い想像はどこまでも落ち込みます。

だからこそ親は、子どもが良い想像をできるように、良い手本にならなければならないのです。

お子さんは、あなたを、未来の自分の姿として見ています。このことを決して忘れないでください。

やっては
いけないこと
2

勉強の遅れを心配する

「勉強のことが心配」…それは子どもも同じです

子どもが学校に行かない間、親として気になることのひとつに、やはり勉強のことがあるでしょう。

このままでは進級や進学ができなくなるのではないか。

きっと内申にも響いてしまっているだろう。

将来、仕事に就けるのだろうか。

学校以外の勉強の環境を与えたほうがいいのではないか——。

心配は尽きず、仮に学校に復帰できたとしても、不登校の間に生じた遅れは、悩みの種となりがちです。

そんなときも、どうか親御さんは「学習の最も大切な意味」を忘れないようにしてください。**学習の最も大切な意味とは、自分の成長のために努力すること、自分に期待することです。**

どんなことがあっても、お子さんを焦《あせ》らせるようなことを言ってはいけません。そうでなくてもお子さんは、自分の将来に不安を持っているのです。


「もっと勉強をがんばらないと、試験に受からないよ！」

「いい学校へ行かないと、将来大変だよ」

「今の点数じゃ、進学は厳しいぞ！」


などと言うのは、百害あって一利なし。絶対に言わないでくださいね。

頭の中が不安でいっぱいでは、どんなに勉強しても効果は上がりません。お子さんが勉強するには、「安心」が大前提なのです。

ですから、何より、お子さんが安心できる環境を作ってあげてください。普段からお子さんが未来に希望を持てるような言葉がけをしてください。

未来に希望が持てる言葉がけ

・大きくなったら何になるの？　あなたがどんな道を選んでもお母さんは全力で応援するからね！
・将来お金持ちになったら何をする？ お母さん、あなたと世界一周したいな！
・あなたとお父さんのおかげで、お母さんとっても幸せよ！
・つらいときや困ったときは遠慮せずに言ってね！　お母さんはどんなときもあなたの味方よ！
・（子どもが落ち込んでいるとき）またひとつ大人になったわね！　人は挫折や失敗を乗り越えるたびに、強く優しくなれるのよ！

ゲームばかりする子の心の裏にあるもの

家族が仲良く、みんな幸せそうにしていれば、子どもは安心して勉強に集中できます。

よく「子どもがゲームに夢中になってしまって困る」という相談を受けます。子どもが四六時中ゲームばかりしている姿を見ると、親のほうにはますます心配やいらだちが募《つの》るものですが、むげに禁じてはいけません。

なぜなら子どもは、不安を紛《まぎ》らわせるためにゲームに集中しているからです。その間だけは不安から逃れられるのです。

大丈夫。不安がなくなれば、自然にゲームから離れ、もっと楽しいことを自分から探し始めるものです。

とは言え、勉強していない状態を放置していいわけでもありません。ずっと勉強していない状態は、親ばかりでなく子どもにとっても不安のもと。のちのちのことを考えても、やはり何らかの形で勉強を続けたほうがいいでしょう。

効果の高い学習法としては、「親子学習」があります。

親が子どもに勉強を教える。または、親が子どもに勉強を教えてもらう。あるいは両方を行う、という方法です。1日に10分でいいので、これを習慣として続けるとよいでしょう。

親子間の絆や、お子さんの「親に大切にされている」という思い、そして「勉強している」という安心感を深める上でもお勧めの方法です。

ただし、親子学習を行うには、日頃から親子間のコミュニケーションがとれていることが前提です。まだ十分にとれていないなら、本書の内容を生かして、コミュニケーションをとることから始めてください。

現在通っている学校以外に、勉強する場を求めるのも一案です。不登校のお子さんをあたたかく受け入れてくれる学校（フリースクールやサポート校など）もあります。お住まいの地域やご家庭の状況、お子さんの性格などは千差万別ですので、具体的な学校名はここではご紹介できませんが、全国にはたくさんのいい学校があります。

「これは」という学校を見つけたら、校長先生や担当予定の先生と直接会うか、または電話で話したりして、どんな人間なのかを知ってください。

入学前でも先生と直接話せないような学校なら、その時点で考えものです。お子さんは、学校という建物へ通わせるのではありません。学校にいる先生、生徒という人間のもとへ通わせるのです。

もし可能であれば、現地に足を運んで見学もさせてもらってください。そこの雰囲気をつかむためです。

学校は勉強する場所ではありません。「勉強は楽しい」ということを学ぶ場所です。お子さんを楽しい雰囲気の学校へ通わせてあげてください。

やっては
いけないこと
3

子どもと一緒に不安になる

親の心配は子どもの負担になるだけです

不登校の子どもを心配してはいけません。

そう言うと、多くの親御さんは「そんなことはできない。どうして心配せずにいられるでしょう！」と思うに違いありません。

でも、お子さんの心配を、親はやめなければいけないのです。

あなたがどんなにお子さんの心配をしても、お子さんの負担になるだけで、何の役にも立ちません。

それより、ご両親の生き方をお子さんに見せてください。お子さんが「お父さん、お母さんみたいな大人になりたい！」と思うような生き方をしてください。

だからといって、無理して「立派な大人」を演じる必要はありません。ただ毎日生きていることに感謝し、笑顔で暮らせばよいのです。

「この子が学校へ行ってくれたら私も幸せなのに……」などとは絶対に思わないでください。「不幸なのはあなたのせいだ！」とお子さんに言っているようなものですから。

お子さんを変えようとしないでください。変えようとすれば、せっかく戻りつつある信頼関係が崩れてしまいます。

あなた自身の生き方を見直しましょう。

あなたが毎日楽しく生活することが、何よりお子さんを励ますのです。

「自分のせいで親が苦しんでいる」と思わせてはいけません

くれぐれも忘れないでいただきたいのは、子ども自身、かなり不安な気持ちでいるということです。そこへ親まで一緒に不安になってしまうと、子どもにもその不安は必ず伝わります。

子どもはそのとき、どう感じるでしょう。「自分のせいで」と、ますます落ち込んでしまうに違いありません。

どうか、お子さんと一緒に不安にならないでください。**当事者はお子さんで、行動するのもお子さんなのです。**

あなたが悪い予測をするのは今すぐやめてください。あなたが不安がるのは、お子さんに対して「お前には無理だ！」と言っているようなものです。

今すぐ不安を打ち消して、良い想像だけをしてください。

お子さんと一緒に、「きっとこんな楽しいことがあるぞ～」「こんないいこともあるぞ～」と、楽しいことだけを想像してください。

残念ながら、親が子どもにしてやれることはわずかです。その中で、もっとも大切なのは、親の幸せな姿を見せることです。

そして、お子さんのために「良い未来予測」をしてください。それでもお子さんは、必ず何か失敗します。人間ですから当然です。人間は必ず間違いを犯す生き物です。

大切なのは、お子さんがどんな失敗をしても、あなたがサポートできるように備えをしておくこと。

そのためにもあなたは健康でなければなりません。お子さんをサポートするのですから。いつも元気で、明るくなければなりません。いつも楽しくしていなければなりません。

そんな親でいれば、お子さんは失敗したときに安心してあなたの元へ帰ってくるでしょう。そしてすぐにまた元気になり、自分の道を歩き出すでしょう。

やっては
いけないこと
4

話し合おうとする

話し合おうとしなくてもいいのです

不登校を続けている子どもと、一度きちんと話し合いたい。それは親として当然の気持ちだと思います。

なぜ学校へ行けないのか。今、どんな想いでいるのか。これからどうしたいと考えているのか。あれこれ聞きたいし、親としての思いも伝えたいでしょう。

Iさんもそんな親御さんのひとりです。

息子さんは高1で不登校になり、翌月退学しました。以来3年、今も生活リズムは乱れがちで、ゲームやパソコン（チャット）漬けの日々を送っています。

親の焦りの時期はとうに過ぎているそうですが、息子さんに笑顔も気力もなく、痩せてやつれているのがIさんには心配でなりません。

Iさんの想いは、息子さんの想いを受けとめ、守りたいということ。そして話し合いたいということ。しかし息子さんは、しゃべりません。幼い頃の話をして心をほぐそうとしても、いやそうな顔をして席を外してしまうそうです。

Iさんの話からまず感じたのは、息子さんが、Iさんとの「話し合い」を望んではいない、ということです。何も話さないのはそのためです。

幼い頃の話をするのも、本人がいやがるなら、今はやめたほうがいいでしょう。不登校やひきこもりになったお子さんに、その子が生まれたとき、親としてどんなにうれしかったかを聴かせてあげるのは、本来はとてもいいことです。私がいつも、相談に見える方たちにお勧めしていることのひとつです。

赤ちゃんだったときの思い出や、5歳頃までの出来事を話すと、お子さんの心が「自分は愛されて育ってきたんだ」という自信に満たされるのです。

しかしIさんの息子さんのように、受け入れられない状態なら、無理にする必要はありません。**今はその時期ではないのです。**

否定せず、意見せず、評価もせず…

あなたも「子どもと話し合いたい、でも話をしてくれない」という、Ｉさんと同じような悩みを抱えているなら、一度、胸に手を当てて考えてみてください。「話し合い」をしたいと願うのは、お子さんにあなたの話を聴いてもらいたいからでしょうか？　それともあなたがお子さんの話を聴きたいからでしょうか？

人は誰でも、「話を聴いてほしい！」と思っています。と同時に、「人の話は聴きたくない！」と思っています。まして、自分を責めるような話は絶対に聴きたくありません。

あなたがお子さんと話し合いをするためには、まず、あなたがお子さんの話を聴く必要があります。否定せず、意見せず、評価もせず、ただ大きく頷《うなず》きながら、ひたすらお子さんの話を聴くのです。

質問もしないでください。話すことだけを、一生懸命に聴いてください。

理性的な親御さんであるほど、お子さんがいったい何を考えているのか、どうしたいのかを知りたくなるものです。そこであれこれ聞き出したくなるのですが、お子さんが聴いてほしいのは、「どんな気持ちか」です。

今までどれほどつらかったか、寂しかったか、悲しかったか、悔しかったか、怖かったか……。どうか、お子さんの「感情」を聴いてあげてください。

あなたが話すのは、お子さんが感情を全部打ち明けてくれてからです。

と言うより、あなたはお子さんに何も話す必要はありません。

なぜならお子さんは、あなたの考えや気持ちを全てわかっているからです。

だからこそ、お子さんは苦しんでいるのです。

あなたの望みと、それに応えられない自分が、つらくてならないのです。

お子さんと「話し合おう」という気持ちは捨て、ただお子さんの話を聴く、そういう気持ちで接してください。

あなたがお子さんの話を聴くという、ただそれだけで、あなたの想いはお子さんに伝わります。

やっては
いけないこと
5

子どもを「変えよう」とする

変えようとして、心の絆が切れることがあります

最後に書くのは、子どもを変えようとしてはいけない、という話です。

親というのは、子どもが不登校やひきこもりになると、学校へ行く気にさせたい、勉強をやる気にさせたい、と願うもの。私のところにも「どうしたら学校へ行く気になりますか？」といった、「方法」を問う相談が多いのです。

しかし、方法で何とかなるものではありません。誰にも、子どもを変えることはできません。子どもが自分からその気にならなければ、親にも、誰にも、どうにもできないのです。

子どもを無理に変えようとすると、親子の心の絆が切れてしまうこともありえますので、くれぐれも注意してください。

そう書くと、途方に暮れてしまうかもしれませんが、大丈夫。子どもが自分の未来に希望を持てるようになれば、自分から進んで勉強するようになりますし、あなたにも、そのためにできることはあります。

それは、お子さんを励ますこと。そしてあなた自身が人生を楽しむことです。

お子さんを「変えよう」と思うのはやめてください。

何かを変えたいのなら、あなたの物の見方、あなたの行動、あなたの毎日の習慣を変えてください。

お子さんに勉強させようとする前に、あなたが自分の幸せのために、何か勉強を始めてください。お子さんは、あなたの姿から何かを感じます。

あなたが手本になるのです。

たとえば、

・毎日30分読書する
・資格取得のための勉強をする

・趣味に熱中する
・もっと健康になるための勉強をする
・もっと美しくなるための勉強をする
・おいしい料理、からだに良い料理のための勉強をする
・家事をテキパキと片づけるための勉強をする
など。


何より大切なのは、あなた自身が楽しみながら勉強する姿をお子さんに見せることです。

「勉強＝楽しい＝幸せ」

となるように——。

3章

他の誰でもなく…
お母さんだから、
できることがあります

仕事を辞めるべきか悩んだら、自分の心に聴いてみてください

子どもが不登校やひきこもりになると、仕事を持っているお母さんの多くが、「もっと子どもといられる時間を増やしたい」と思ったり、「仕事を辞めて子どもと一緒にいたほうがいいのでは？」と悩んだりしています。

Fさんもそのひとり。

中3になるFさんの息子さんは、中1のときに長期にわたっていじめに遭い、中2の春から不登校になりました。心療内科では社会不安、対人恐怖症の診断を受け、現在も通院中です。

息子さんは、いじめを受けたときのトラウマから、今も「自分はまわりから変に思われているのではないか」という気持ちが強く、外出すると心臓がどき

どきし、人と目を合わせられないと言います。そのため一人では外出できませんし、Fさんと一緒に外出するときも、絶対にそばを離れないと言います。

Fさんは母子家庭なので、平日は毎日、夕方まで仕事に出ています。しかし今は、「息子が落ち着くまでは、できるだけそばにいてあげたい」という思いを強く持っています。

仕事を休めば、息子さんが少しずつ外出や登校を始めて自信をつけていく手伝いができるし、自分が一緒にいれば、安心感が増して回復も早いのでは……そう考えているのです。

息子さんも、留守番中は弟が一緒にいるので気も紛れるようですが、Fさんが帰宅すると、「お母さんがいちばん好き。一緒にいたい」と言って、べったり甘えてくるそうです。

そんな息子さんのために、働き方を変えてでも、そばにいるべきか。

それとも今のまま、毎日「仕事してくるよ」と言って元気に働いている姿を見せていたほうが、息子さんにとっては安心なのか。

Fさんは、やはり生活のために働かなければと思いながら、どうしたらいいのか迷う日々だそうです。

この息子さんは、とても優しい男の子なのでしょう。しかし「自分には価値がないのではないか？」という恐れを持っているように私は感じました。そのために今、不安の中にいるのだと思います。

大事なのは、Fさんが仕事を続けるかどうかではありません。息子さんのその不安を取り除いてあげることです。

同じことで悩んでいる方がいたら、ぜひ肝に銘じてください。

あなたがそばについているから、お子さんが安心するのではありません。**あなたが安心するから、お子さんも安心するのです。**

お子さんの安心が先ではなく、あなたの安心が先です。

お子さんに「こういうふうになってほしい」「こういう気持ちになってほしい」という望みがあれば、まずあなたから先に、そうなってください。

そしてお子さんには、

「何があっても大丈夫！　お母さんがついてるからね!!」

と、自信満々に言ってあげてください。

仕事を続けるかどうかは、あなた自身に聴いてみることです。

仕事が楽しいなら、続けてください。そして仕事の楽しさをお子さんに伝えてください。

仕事がつらいなら、今すぐ辞めてください。なぜなら、もし仕事がつらいなら、その仕事は誰のためにもならないからです。

つらい仕事を続けると、まず、あなたがストレスで身体や心を壊します。あなたからのストレスを受けて、お子さんやあなたの身近な人が、身体や心を壊してしまうこともあります。

逆に、楽しく仕事をすると、あなたからエネルギーを受けて、お子さんや身近な人が幸せになるのです。同僚も、お客さんも。**楽しい仕事は、みんなを幸せにするのです。**

「楽しく仕事する習慣」がなければ、どんな仕事に就いても無駄です。何度仕事を変えても、たちまちつらい仕事になります。

ですから、仕事に就く前に、仕事を変える前に、「楽しく仕事する習慣」を身につけてください。

その習慣はどうやったら身につくのでしょうか。

簡単です。

「この仕事は誰を幸せにするのだろう?」と毎日想像すればいいのです。想像し続けていれば、やがて「私の仕事はいつも誰かを幸せにしている」と思えるようになります。

「私はいつも誰かを幸せにしている天使なんだ!」と思ってください。

そう、楽しく仕事するあなたは天使なのです。

だから、あなたのお子さんも、天使の子です。お子さんに「あなたは天使の子だよ!」と笑顔で伝えてあげてください。

「夫婦の不仲」に苦しんでいるのなら…まずは自分の幸せを考えること

子どもが不登校などになると、「家庭の雰囲気が良くなかったからでは？」と、反省する親御さんも多いようです。

実際、家庭不和、夫婦の不仲が不登校につながることはあります。子どものためにも、夫婦が円満でなくてはいけないということは、誰しもわかっているでしょう。にもかかわらず、「わかっていても、どうしてもだめなんです」という相談をよく受けます。

そういう相談者に、私が決まってする質問があります。

「仲良くする、しないの前に、あなたは今、幸せですか？」

お子さんを心配する前に、まず大切なのは、お母さん自身の幸せです。なぜなら、幸せでない人は、他の誰かを幸せにできないからです。

あなたは幸せでしょうか。現在のご主人と幸せですか？　たとえ今は多少うまくいっていなくても、「今の夫と幸せになる！」と決意できますか？　できるなら、うまくいくでしょう。しかし決意できないなら、別れも考えるべきです。

お子さんが娘さんならなおさらです。娘さんは、幸せでないあなたを見ると、「どうせ将来、自分も幸せになんかなれない」と思うでしょう。そんな気持ちでは、元気もやる気も起きるはずがありません。

お子さんのために、あなたが先に幸せになる必要があるのです。夫婦円満は大切ですが、それはあなたが幸せであってのことです。あなたが幸せでないなら、夫婦円満はありえません。

もう一度言います。最初に考えるべきは「あなたの幸せ」。そのための行動をしてください。あなたが幸せになるにはどうすれば良いかを考えてください。

お母さんがお父さんとの関係に幸せを感じてないと、子どもにも必ず伝わります。高2の不登校の息子さんを持つEさんの話は、そのいい例です。

Eさんは45歳の専業主婦。これまで長い間、義父母を気遣い、また不仲のご主人への不満を抱え続けてきたために、すっかり体を壊してしまっています。そこで最近は、家にずっといるご主人に、しかたなく頼みごとをすることが増えてきました。

そんな中で、Eさんの心境はしだいに変化してきたそうです。家の中のことができない自分を責めもせず、頼みごとをこなしてくれるご主人を、「許そうかな」と思えるようになったのです。「私の不出来を我慢して、家事を助けてくれている主人。これからは、何か不満があっても、なるべく言わないでおこう」という考えに変わったのです。

息子さんにその話をしたところ、こんな返事だったそうです。

「やっとそういう気持ちになったんだ。これでもう、お父さんを悪く言うお母さんの愚痴を聞かなくていいんだね。僕が体調を崩しがちで不登校になったのは、お母さんの愚痴を長年聞かされてストレスが溜まったからだよ」

Eさんは大変ショックを受け、長い間子どもに甘えてきたことを心から反省したそうです。

この話は、親が変われば子どもも変わる、といういい例でもありますね。

Eさんの息子さんの言葉にあるように、**親同士が悪口を言うことは、子どもにとって、身を切られるようにつらいことです。**

ですから、お子さんの前でご主人の悪口を言うのはやめてくださいね。

ご主人の良いところを見て、尊敬してください。そして、ご主人の良いところ、ご主人との良い思い出を、お子さんに聞かせてあげてください。

「私がこんなに悩んでいるのに、主人は子どもの不登校について何も言わない」という不満もよく耳にします。

しかし、考えてもみてください。子どもを心配していない親などいません。にもかかわらず何も言わないでいるのは、実はとても忍耐のいること。それができるご主人は、優しくて強い方なのだということを、ぜひ知っていてください。

転校すべきかどうかは、子どもが答えを知っています

子どもを転校させるべきかどうか——。不登校という問題に直面したとき、どの親御さんも考えることのひとつでしょう。

転校するかしないかは、お子さんに聞いてみるのがいちばんです。お子さん自身に、どうするのが良いと思うか、どうしたいのかを聞き、自分で決めさせてください。

ただし子どもですから、十分な情報を持っていません。お子さんが自分で決められるように、「こんな学校があるよ」「こんなところで勉強する道もあるよ」と、いろいろな情報を集めて選択肢を示してあげてください。

もちろん、親としての考えや気持ちも伝えてください。

転校した場合のメリット、デメリット。転校しなかった場合のメリット、デ

メリット。これらについて、「お父さん、お母さんはこう考えているよ」と、お子さんが理解できるようにわかりやすく説明してあげてください。

その上で、「あなたが自分にとっていちばん良いと思う方法を選んでいいんだよ」と言ってあげるのです。

お子さんが勇気を持って決断したら、しっかり応援してあげてください。


転校に限らず、ときどき、こんな質問をいただきます。

「子どもに○○させたほうがいいのか、させないほうがいいのか、迷っています」

「子どもにとって○○と○○、どっちがいいでしょうか？」

私はこう答えます。

「お子さんに聞いてください」

するとほとんどの方が、「えっ！　子ども本人にですか？」と驚かれます。

なぜ驚くのでしょうか？　一般社会や会社、組織では、利害関係者に意見を求めるのは常識であり、コミュニケーションの基本です。

家庭だって、小さな社会です。父、母、妻、夫、親、子、兄、弟、姉、妹、祖父、祖母……それぞれが、それぞれの役割をになって、家庭という小さな社会を形作っています。

一人ひとりに意思があり、自由があり、責任があるのです。子どもだって同じです。ですから、**子どもが関係する決定をするときは、子どもにも意見を求めてください。**

「子どもにわかるはずない」「子どもには難しくて理解できないだろう」と言う方がいますが、それは説明の仕方が悪いだけです。あるいは、それ以前にコミュニケーションが成り立っていないからです。

子どもだっていろいろ考えています。あなたは気づいていないかもしれませんが、あなたの悩みや、健康のことまで、心配していると思いますよ。ひょっとすると、ご家族の中でいちばん、全員のことを考えているかもしれません。

だから、お子さんときちんとコミュニケーションをとって、お子さんの意見を聴いてあげてください。たぶん、あまりにもしっかりとした意見を言って、あなたをビックリさせるでしょう。

簡単な例を挙げてみますね。

子どもを毎朝、起こしたほうがいいかどうか、迷っているとしましょう。

これも子どもに聞いて決めさせるのがいちばんです。

「子どもに聞けば、起こさないでって言うに決まっている！」などと、聞く前に決めつけないでください。

あなたが「起こしたほうがいい」と思っている理由があるなら、それもきちんと伝え、本人によく考えさせれば、ちゃんと納得するかもしれないのです。

子どもには十分な情報がありません。そこは大人の知識、経験、情報力で、助けてあげるべきです。

たとえばこんなふうに、子どもに説明します。

「健康のため、成長のためには、夜10時から2時までの4時間の間、眠っていることがとても大事なんだって。この時間に眠っていると、成長ホルモンがたくさん出て、元気になるんだって。お母さんは、○○にいつも元気でいてほしいし、大きくなってほしいから、夜9時には布団に入ってほしい。そのためには朝7時には起きないと、夜、寝つけないと思う。○○は朝7時に自分で起きられる？　それとも私が起こしたほうがいいかな？」

・子どものためになる客観的理由があること
・なぜ親がそう思うか、気持ち（うれしい、悲しい等）を伝える
・それを実行した場合のメリット、デメリットを伝える
・選ぶのは子ども自身だと言うことを伝える

このように心がけていれば、子どもは自分にとっていちばんいい判断をくだすでしょう。

ただし、この方法は、普段からコミュニケーションがとれていることが前提です。うまくとれていない場合は、コミュニケーションの基礎作りから始めてください。

「つき合ってほしくない友達」は、じつは大切な居場所なのです

子どもが大きくなるにつれ、親は、自分の子どもがどんな友だちとつき合っているのかを把握しきれなくなってきます。

親から見て、好ましくない友だちとつき合っていたことが何かのきっかけでわかり、ショックを受ける親御さんも多いようです。

学校へ行かなくなった子どもが、学校へは行かず、いわゆる「不良グループ」とつき合っていた、というのがその典型的な例でしょう。

しかしそういう場合、親は決して、子どもの前で不良グループの悪口を言ってはいけません。彼らの悪口を言うことは、自分の子どもの悪口を言うのと一緒です。

親にとって「つき合ってほしくない友だち」だとしても、子どもにとっては、

実は大切な居場所なのです。少なくとも一時期、子どもの孤独を癒してくれたのですから、むしろ感謝したほうがいいくらいなのです。

中3の娘さんの不登校に悩むKさんの例をご紹介しましょう。

娘さんは、運動部の副キャプテンとして部活をがんばり、毎日休まず登校していた女の子でした。しかし6月のある朝、「学校に行きたくない」と突然泣き出し、行かなくなりました。

と言ってもまったく行かないわけではなく、気が向いたときには登校していました。そのときは学校の指定カバンは持たず、靴もはかず、リュックとスリッパで行き、雑誌と化粧道具とお菓子を持って行くという状態だったそうです。

受験勉強どころか、宿題すらしない日々。しだいにつき合う友だちが変わってきて、休みの日は、よその中学の、いわゆる警察沙汰になるような子たちと遊ぶようになりました。金髪にして眉をそり、ピアスの穴をあけ、タバコを吸い、夜遊びや無断外泊もするようになっていきました。

「そういう人たちと関わってほしくない！」

Kさんが言うたび、「友だちを悪く言うな！」とキレる娘さん。「行動に気をつけてほしいと言っているのよ」と言っても、親の気持ちはなかなか伝わらないそうです。

何とかつき合いをやめさせる方法はないか、どういうふうに娘と話したらいいか——と、Kさんは相談してきました。

先ほど書いたように、Kさんは、娘さんの現在の友だちに、まずは感謝しなければなりません。厳しい言い方のようですが、彼らは、Kさんの代わりに、娘さんの心を慰めてくれているのですから。

人は常に、自分にふさわしい場所を求めています。今の娘さんにとっては、その仲間たちが唯一の居場所なのです。**娘さんにとって今必要なのは、学校でも勉強でもなく、「真剣に話を聴いてくれる人」なのです。**

娘さんは、「私は愛されていない」「私は必要とされていない」「どうせ私なんて……」と感じているのだと思います。

「私は愛されている！」「必要とされている！」「私は素敵！」と思えるようになれば、自然につき合う友だちも変わってきます。

いくら親でも、Kさんが無理やり娘さんから友だちを奪うことはできません。もしそんなことをすれば、娘さんは居場所を失ってしまいます。

あなたももし同じ状況で悩んでいるなら、**「あんな子たちとつき合ってはだめ！」と叱るのは逆効果**だと知ってください。そんなことをすれば、逆にお子さんはあなたから離れていってしまいます。

お子さんにあなたの意見を言い、気持ちを伝えようなどとは思わないでください。お子さんと話して改心させようなどとは決して思わないでください。

あなたがすべきことは、お子さんの話を聴くことです。そして励ますこと。意見したりせず、批判もせず、否定もせずに、ただひたすら、お子さんの話を聴いてください。

そして、今のお子さんをそのまま受け入れてあげてください。それが、お子さんが「私は愛されている！」「必要とされている！」と思えるようになる方法です。

もしかすると時間がかかるかもしれません。しかし、それがいちばんの近道です。

お子さんがどんな髪の色にしようと、どんな服を着ようと、どんな人たちとつき合おうと、あなたにとって世界でいちばん大切なお子さんに違いはないはずです。

その本当の事実を娘さんに伝えてあげてください。

お子さんが元気になり、自分に自信を持つようになれば、自然につき合う友だちも変わってきます。

きょうだいは、「一人ひとりを特別扱い」してください

家に一人、不登校やひきこもりの子どもがいると、そのきょうだいへの影響も、親としては気になるところでしょう。どうしたら影響なく、みんなが学校に行けるようになるだろうかと、どの親も悩むものです。

これについて私は、「きょうだいが何人であっても、できるだけ同じように接してください」という考えです。

特に他の子どもがいる前では、全員を対等に扱ってください。子どもというのは、きょうだいの中で自分は何番目に愛されているのかを、いつも気にしています。そういった部分に子どもはとても敏感なのです。

たとえば、長男が学校へ行かなくなった家庭で、親が長男を特別扱いするよ

うになると、下の子どもたちも特別扱いされたい一心で、学校を休もうとする――そういう例も実際にあります。その場合、下の子どもたちに「自分は愛されていないのではないか」という不安があるのです。

ですから、全員を対等に扱ってください。そのうえで、一人ひとりを特別扱いするのです。矛盾するようですが、できないことではありません。

ただ、単に平等なだけでは子どもは不満に思います。誰だっていちばんがいいのです。**人は平等に扱われたいと思うのと同時に、自分だけは特別に扱われたいと思っています。**

ですから親は、それぞれの子どもと二人っきりの時間を作り、そのときだけは特別扱いをするといいでしょう。二人だけの秘密を持つのもいいでしょう。

二人っきりの時間の中で、普段は言えない、その子どもへの感謝の気持ちを言葉にしてあげてください。

「あなたが普段○○してくれるから、お母さんはとっても助かっているの。ありがとうね」

「あなたと話していると、お母さん、気持ちが落ち着くわ、ありがとう！」

そして、お子さんの話をとことん聴いてあげてください。とことんスキンシップしてください。するとお子さんが穏《おだ》やかになるばかりでなく、あなたも心から癒されるに違いありません。

まだ幼い下の子に、上の子の不登校をどう説明すればいいのかと悩む親御さんもいます。

そういうとき、下の子に説明する必要は特にありません。もし何か聞かれたら、「お兄ちゃん（お姉ちゃん）は今、一生懸命がんばっているんだよ。一緒に応援しようね！」とだけ言えば十分でしょう。

幼い子どももお母さんの不安には敏感です。「大丈夫、心配いらないよ」と、下の子たちを安心させてあげることも忘れないでください。

「生活リズムがめちゃくちゃ」「ゲーム漬け」を注意する前に…

不登校やひきこもりの時期が続いていると、家でのだらしない生活態度が目に余ってくる場合もあるでしょう。

昼と夜が逆転したり、ゲームやネット漬けの生活を送っていたりすれば、心身の健康面からも親としては放っておけませんし、苦言を呈《てい》したくなる気持ちはわかります。

しかし、そういう生活が習慣として定着してしまうと、一度や二度注意しただけでは変わりません。そこで親御さんは、「何度注意しても聞いてくれない」と悩んでしまうのです。

そんなとき、親御さんには、お子さんを注意する前にすべきことがあります。

それは、自分自身が今、幸せかどうかをふり返ってみることです。

あなたは今幸せですか？

心の底から「私は幸せです！」と思っていますか？

もし、あなたが今幸せなら、何の心配もいりません。お子さんはもうすぐ元気になり、普通の生活を取り戻すと思います。

しかし、もしあなたが今、「幸せじゃない……」と感じているなら、慎重にこの先を読んでください。

まず、お子さんに対して、叱ったり、注意したりするのはやめてください。まったくの無駄です。それどころか、ますますお子さんから元気や、やる気を奪います。

子どもも中学生ぐらいになると、人の意見を「聴く」か「聴かない」かを自分で判断するようになります。

その判断には基準があります。何かと言うと、「幸せな人の意見は聴く」ということなのです。

お子さんは本能的に「不幸な人の意見は聴かない」のです。

なぜなら、不幸な人の意見を参考にしたら、自分まで不幸になってしまいますよね。

ですから、あなたが今、自分を「幸せじゃない……」と感じているとしたら、お子さんは、あなたの意見はまったく聴かないでしょう。

反対に、あなたが「幸せ」なら、お子さんは進んであなたの意見を聴くようになります。

子どもの生活を不規則にする大きな原因として、ゲームがあるようです。

ゲームに関しては、家庭内でルールを決めてください。お子さんがルール作りに参加するのが理想ですが、難しいなら、親が勝手に決めてもかまいません。

そして、

「○月○日から、○○は○○にします！」

「ルール違反のときは○○します」

と、家族全員にルールを宣言してください。

決めたルールは絶対に守ってください。例外は緊急事態のときだけにしてください。

ルールを守れるかどうかで親の意志の強さが試されます。ルールを決め、ルール通りにすれば、子どもを叱ったり、注意したりする必要はなくなります。

もしも子どもがルールを破ったら、怒らず、叱らず、「ルール違反だから○○するね」と言って、淡々と冷静にルールで決めたことを実行してください。

「家庭でルールなんて……」と思うかもしれませんが、実際の社会はルールだらけです。家族の秩序を守るためにもルールは必要です。

ぜひ、一度ご夫婦で話し合ってみてください。夫婦の認識が一致していることが重要です。

本当の問題は、実は、お子さんが問題を起こすことではありません。問題が繰り返されることを許している親に課題があるのです。その課題を見つめずに、何度もただ注意していても逆効果です。子どもの自尊心を傷つけ、やる気や元気を奪ってしまうだけです。

注意する必要がなくなるように、環境やルールを変えてください。

そして何よりあなた自身がいつも幸せでいてください。それがいちばん大切です。

4章

あなたは一人じゃない。
先生や学校を味方につける方法

先生や学校を味方にする4つのポイント

先生や学校が、お子さん、そしてあなたの味方で、心から応援してくれるとしたら……これほど心強いことはありませんよね。

逆に先生や学校が、あなたの敵だとしたら……。

想像しただけで怖いですね。

では、先生や学校をあなたの味方にする方法についてお伝えしましょう。

あなたは今、学校や先生方に対して、どんな感情を持っていますか？

「子どもの気持ちや私たちのことを真剣に考えてくれて、本当にありがたい」

「学校や先生が信用できない」

「私たちのことを真剣に考えているとは思えない」

「不登校になったのは、学校や先生のせいだ」

人それぞれ、いろいろな感情をお持ちだと思います。

もし、学校や先生の対応が、あなたにとって満足のいくものでなかったとしたら……あなたはあきらめてしまいますか？

それとも、学校や教育委員会に抗議しますか？


では、あなたに一つ質問があります。

あなたはどんな相手になら、一生懸命、誠意を持って接することができるでしょうか。

いろいろな答えがあると思いますが、突き詰めれば「好きな相手」なら、ということになると思います。

そうです。人間は「好きな相手」に対しては一生懸命になるのです。

先生だって人間です。好きな生徒、好きな親のためになら、ついつい一生懸命になってしまうのです。特別扱いするのです。

ではどうすれば、先生から好きになってもらえるのでしょう。

答えは簡単です。

あなたが先生を好きになれば良いのです。

好きになるという表現に抵抗を感じるなら、「敬意を持って接する」というのではどうでしょうか。つまり「相手を大切にする」ということです。

具体的には次の1から4の順番で先生と接してみてください。

1．先生に対して、尊敬、感謝の気持ちを伝える

毎日何十人もの子どもに気を配っているのですから、先生という仕事は、実は想像以上に大変です。まずは敬意と感謝の気持ちを言葉で伝えましょう。
例：先生、いつも本当にお世話になっています、ありがとうございます。

2．先生の話を聞いて、立場や努力に理解を示す

先生がどんな人で、何を考え、何に悩んでいるかを聞いておくことは、先生との人間関係を作るうえでとても大切です。
人は、話を聞いてもらえると、親近感が湧くのです。

3．こちらの事情や気持ちを、先生に伝える

こちらの事情や気持ち、要望を先生に伝えるのは、先生と良い人間関係ができてからでも遅くはありません。特に意見や要望は、人間関係ができてからお願いするようにしましょう。

先生に対する意見や要望は、一度紙に書いてみることをお勧めします。そして読み返し、あなたが同じことを言われたらどんな気持ちがするか、素直に受け入れられるか、考えてみてください。大丈夫だと思ってから、先生に伝えるようにしましょう。

4．先生と頻繁に連絡をとる

人間同士というのは、会う頻度が多いほど、相手に対する親近感が湧いてく

るものです。先生と、なるべくこまめに情報交換をしましょう。
このときも、感謝と敬意の気持ちを忘れずに。

この4つのポイントは、先生に対してだけでなく、人間関係全般に言えます。4つのポイントの「先生」を夫、妻、子どもに置き換えて読んでみてください。私たちの身のまわりに起こる出来事は、ほとんどが人間関係によって起こります。自分自身にどう向き合うかを含め、人とどう関わっていくかが大事な鍵を握るのです。

もしあなたが、誰かに優しく親切にされたら、同じように返したいと思うはずです。逆に、冷たく不親切にされたら、やはり同じように返したいと思うはずです。

ですから、優しく親切にしてほしいなら、まず自分から相手に対し、優しく親切に接しましょう。

先生の中には、あなたと性格や考え方が合わない人もいるかもしれません。

そのとき、あなたと合わない先生を嫌いになるか、それとも、その先生の良いところを見つけて、ちょっとだけ好きになってみるか。あなたには選ぶ自由があります。

あなたの人間関係は、あなたが変えることができます。それも4つのポイントに気をつけるだけで良いのです。

先生の前に、家族に対して実践してみるのも良いかもしれませんね。きっとより良い関係が築けると思いますよ。

先生や学校に不信感を抱いているのなら…

先ほど、学校や先生を味方につける4つのポイントについて書きましたが、そもそも先生や学校に根強い不信感を持ってしまった場合は、話が違ってきます。あなたもこのように思っているかもしれません。


「先生や学校がきちんと対応してくれなくて頭にくる！」

「担任の先生が頼りなくて困る」

「夫（家族）の協力が得られなくて孤独だ……」

「誰も私の気持ちをわかってくれない。寂しい……」


確かに、どうしても動いてくれない先生や、子どもの心を理解できない先生がいるのも事実です。家族の理解も得られないとなれば、なおさら孤独感は募るでしょう。

あなたが今そういう孤独な状況に陥っているなら、これからお伝えすることは、きっとお役に立つと思います。

もし、あなたのお子さんの担任の先生が、意地悪で、全くやる気のない先生だったとしたら、あなたはどうしますか？

怒って先生に文句を言いますか？　あきらめて泣き寝入りしますか？　校長先生に相談しますか？　子どもを転校させますか？

すぐに「〇〇する!!」と言う決断力と、行動力のある方なら何も心配しません。しかし、やはり、普通の方なら途方に暮れるのではないでしょうか。

そんなときは「相談ノート」を作って、あなたの心と人間関係を整理してください。

相談ノートの作り方&使い方

作り方は簡単です。

・まずはA4サイズか、B5サイズのノートを用意してください。
・ノートの表紙に「相談ノート」と大きく書いてください。
・1ページ目のいちばん上に「聞きたいことリスト」と書いてください。
・5ページ目のいちばん上に「言いたいことリスト」と書いてください。
・9ページ目のいちばん上に「相談者リスト」と書いてください。
・13ページ目のいちばん上に「相談メモ」と書いてください。

次に使い方です。

「聞きたいことリスト」には、あなたが聞いてみたいことを書いてください。「誰に聞けばいいの?」とか、「答えてくれるかな?」などは考えなくてかまいません。とにかく聞きたいことをどんどん書いてください。

「言いたいことリスト」に、あなたが言いたいことを書いてください。悪口や、文句でもかまいません。心の叫びを吐き出してください。

「相談者リスト」に、あなたが相談できそうな人や機関の名前と電話番号を書いてください。相談できそうにないと思っても、問題や悩みに関係ありそうな相手の名前や機関を書いてください。書いておくことが重要なのです。とにかく思いつくだけ書いてください。

・名前を書き終わったら、電話帳などで調べて電話番号を書いてください（教育委員会や議員の名前は、とりあえずお守りとして、いちばん上に書いておいてください）。電話番号がわからなければ、名前だけでいいです。

「相談者リスト」の中から、あなたがいちばん相談しやすい相手を選んで、相談してみてください。

その際、できるだけ他人の悪口は言わないようにしましょう。人間は「他人の悪口を言う人を手助けしたくない」と感じるものだからです。

もし悪口も言いたい場合は、信頼できる一人にだけ打ち明けましょう。相談なのですから、相手の話も真剣に聴きましょう。

できれば30分、長くても1時間で、話を終わらせましょう。

そして話の最後に丁寧にお礼を言い、「もし、あなただったら誰に相談しますか?」「もし、もっと深刻な状況になった場合、誰に相談すればいいと思いますか?」と聞いてください。そして教えてもらった相手を、相談者リストに追加してください。

相談することに慣れてきたら、いよいよ学校の先生に相談しましょう。

このとき、「相談ノート」が先生から見えるようにしてください。そして、先生の話を「相談メモ」のページにメモしながら聴いてください。

そうすることで、あなたの真剣さが先生に伝わります。愚痴をこぼしに来たのではなく、解決策を求めて来たことが伝わります。人は、真剣な人には真剣に接さざるを得ないのです。

相談はできれば30分、長くても1時間で終わらせてください。

そして最後に丁寧にお礼を言ってから、「もし、先生だったら誰に相談しますか?」「もし、もっと深刻な状況になった場合、誰に相談すればいいと思いますか?」と聞いてください。

そして、教えてもらった相手を、先生の目の前で「相談者リスト」に追加してください。

こうして相談を繰り返していると、「相談者リスト」も少しずつ増えていきます。と同時に、ご自身が何を聞きたいのか、何を言いたいのかが、はっきりしてくると思います。そして不思議なことに、相談を繰り返すうちに、自分に自信が持てるようになってくるのです。

相談相手は、「相談リスト」の中からあなたが相談しやすい人を選んでかまいません。ただし相談が偏りすぎて、相手に負担がかからないようにだけ注意してください。

夏休み明けに学校に戻るコツ

あなたもご存知かもしれませんが、不登校になりやすい時期というものがあります。それは休み明けです。

夏休み、冬休み、春休み、ゴールデンウィーク。

中でも進学やクラス替えなどで環境ががらりと変わる春休み明けの新学期は、もっとも不登校になりやすい時期と言えます。この時期、担任の先生もまだ生徒の個性を十分理解できていないために、不登校の生徒に対する対応も後手に回りがちです。

また、ゴールデンウィーク明けの5月も、新学期の疲れが出やすく昔から「5月病」と言われるくらい、心身のバランスを崩しやすい時期です。

この時期はいつも以上にお子さんの変化に気をつけて、担任の先生とも頻繁に連絡を取り合うようにしてください。

逆に、学校へ行かなくなった子どもたちが復帰するのに、良いチャンスとなる時期があります。それは、夏休み明けです。

「うちの子は、週明けの月曜日などに行き渋るので、夏休み明けがチャンスだなんて、とても思えません」

そんな声も聞こえてきそうです。

確かに、休み明けが苦手な子はよくいます。しかしそれでも、夏休み明けはまぎれもなく学校復帰のチャンスなのです。

なぜなら、夏休みは、親子でストレスから解放されて、心の充電をする絶好の機会だからです。

学校に行けないお子さんには、心の充電が必要です。しかし学期中は、「学校に行かなければ」というストレスがあり、心の充電をすることはできません。

その点、夏休みは、約1か月間、学校へ行く必要がありません。お子さんもあなたも、「学校へ行かなければ……」というストレスから解放されます。

実際、夏休み期間中は、私のもとへ届く相談も、普段の半分以下になります。

あなたも学校のことは忘れて、お子さんと一緒に心の充電をしてください。

この夏休みに、何でもいいから、お子さんに「できた！」という経験をさせてあげてください。

お子さんが「やってみたい！」「できるようになりたい！」と思っていることを見つけ、応援してあげてください。

子どもの可能性は無限です。お子さんが本気で「僕もやってみたい！」「私もなりたい！」と思ったことは、必ずできるようになります。

あなたはそんなお子さんの最強の応援団でいてください。

夏休みのお子さんの暮らしぶりを見て、時には小言を言いたくなることもあるかもしれません。叱りたくなることもあるかもしれません。

しかし、くれぐれも、お子さんを叱るのはやめてください。叱っても何の意味もありません。お子さんの元気とやる気を奪うだけです。

叱ることに意味があるのは、お子さんが5歳くらいまでです。それ以上に成長したお子さんは、何が良くて、何が悪いか、全部わかっています。

それでも、お子さんが悪いことをしてしまうのは、褒められないからです。ですから、とにかく「褒める」ということを心がけてください。子どもは褒められて強くなります。何百回も、何千回も褒められて、「褒める」ことを覚えるのです。人を、そして自分を「褒める」ことを覚えるのです。

将来、自立して困難にぶち当たったとき、お子さんを支えるのは、子どもの頃に褒められた記憶です。

夏休みには、あなたの心を自由にして、お子さんをとことん褒めてあげてください。夏休みは、あなたがお子さんを褒めるチャンスなのです。

夏休みの間は、次の9つのことに気をつけていてください。

1．学校のことを言わない

2. 勉強のことを言わない
3. 意見しない、命令しない
4. 叱らない、文句を言わない
5. 嫌な顔をしない
6. 褒める、何でもいいから褒める
7. 笑顔で接する
8. 一緒に楽しむ
9. 必要なことはお子さんと相談して決める

以上を、せめて夏休みの間だけでも、実行してみてください。

毎朝起きたら、お子さんと顔を合わせる前に、これを読んでから鏡に向かってほほえんでください。3週間実行できたら、お子さんの表情が変わってきます。そして何より、あなたの気持ちが楽になるでしょう。

5章

親も子も、
共に未来に向かって
幸せになる秘訣

「相手が喜ぶことをする」と決めます

「この子には絶対に幸せになってほしい!!」

親であるあなたなら、いつもそう願っていることだと思います。

そして私は、お子さんだけでなく、お子さんと一緒にあなたにも幸せになってほしい！　と願っています。

そこで、親子で幸せになるための、２つの秘訣をあなたにお伝えします。

秘訣その1は、「相手が喜ぶことをする」。

そうです。お子さんを喜ばすのです。

あまりにも単純なことなので驚きましたか？

「でも、子どもの将来のためには、多少憎まれても私がしっかり言わないと」

「それじゃ、うちの子はわがまま放題になっちゃうかも」

「親が子どもを喜ばすなんておかしい。それに恥ずかしいし……」

そんな声が聞こえてきそうです。

しかし私は、子どもに必要以上に気を遣えとか、ゴマをすれと言っているわけではありません。子どもを一人の人間として、大切にするだけのことです。

「でも、いったいどうやって？」

その方法をお伝えする前に、ちょっと想像してみてください。

あなたが以前、とてもお世話になった大切な友人が、久しぶりにあなたを訪ねてきました。あなたはその友人をどうしたいと思いますか？

美味しい食事をご馳走する。地元の名所を案内する。サプライズなプレゼントをする。などなど、いろいろ考えられますが、その気持ちを一言で表現するなら、「友人を喜ばせたい！」ということではないでしょうか。

大切な人を大切にするとは、つまり相手を喜ばせることなのです。

あなたは、あなたにとって世界でいちばん大切なお子さんを喜ばせていますか？

「えー、でも毎日のことだし」

「どうやって喜ばせたらいいか、わからない」

「でも、子どもを喜ばすって、そんなに大切なの？」

はい、大切です。

なぜなら、お子さんはあなたから喜ばされることによって、人を喜ばす方法を学ぶことができるからです。

人を喜ばすことができると、クラスで人気者になれます。相手が喜ぶと自分もうれしくなります。「私は人を喜ばせられる人だ！」と思えるようになり、自分に自信が持てます。まわりに明るい人が集まるようになります。

あなたにも当てはまることなので、お子さん相手に練習するのも良いかもしれませんね。お子さんと、「喜ばせごっこ」なんてするのはどうでしょうか？

今度、時間があるときに、あなたのまわりの人たちを観察してみてください。

社会的に、また個人的に成功している人は、みんなサービス精神旺盛で喜ばせ上手ではありませんか?

お子さんが将来、明るく楽しい幸せな人生を送るために、「人を喜ばせる能力」はとても重要なのです。

そして何より、お子さんを喜ばせていると、あなたとお子さんの関係が劇的に良くなるのです。

難しく考えなくても大丈夫。今日から、次のことを心がけてください。

・寝る前に布団の中で3分間、子どもが喜んでいる顔を想像する。
・子どもに話しかける前に、3秒だけ「どうしたらもっと喜ぶかな?」と考える。

何もする必要はありません。3分想像する、3秒考える。それだけでいいのです。それだけで、いつの間にかあなたの行動が大きく変わります。

それでも、

「そうは言っても、イライラして子どもを喜ばそうなんて思えない!!」

「子どもの顔を見ると、つい怒ってしまうんです」

「私のほうが喜ばせてほしい……」

という方もいるかもしれませんね。

そんな方のために、2つめの秘訣をお教えしましょう。

誰が〝正しい〟か知ってください

2つめの秘訣を知れば、世の中の95％以上の人々がしている間違い、そしてもしかするとあなたも陥っている勘違いに気づけると思います。

質問です。

もし、あなたの身のまわりで何か大きな問題が発生したら、どうしますか？

当然、誰もが原因を探すと思います。そしておそらくほとんどの人が、「誰のせいだ？」「誰が悪いんだ？」と考えるでしょう。

言葉には出さなくても、心の中で「悪いのは私じゃない！」「悪いのはあの人だ！」「私のせいじゃない！」と、考えるのです。

と同時に、「もしかして私のせい？」「私が悪いのだろうか？」「私にも少しは責任が……」「やっぱり私が悪いんだ……」と考えてしまうのです。

そして、本当の犯人を捜すのが怖くなり、結局、問題の本質に触れることなく、うやむやにしてしまうのです。

するとどうなるか。

問題が繰り返されるのです。

この「悪いのは誰だ？」という考え方では、誰も幸せになることができません。問題に関わった人全てが不幸になってしまいます。悪者探しをしている限り、自分を責める気持ちからも逃れられません。


では、いったいどうすればいいのでしょう。

答えは簡単です。

「誰もが正しい」と知ることです。

ひょっとするとあなたは、「じゃあ、間違いを犯した人も正しいのですか？」と感じているのではないでしょうか。

正しいのです。

誰もが一生懸命生きています。そして、今まで生きてきた経験や、そのときの環境や状況において、その瞬間、最善の方法を選んでいるのです。ですから、誰もがその瞬間「正しい」のです。

苦しんでいるあなたに対して理解がなかった、助けてくれなかった身内でさえも……その人なりに、その人が考えうる限りで最善を尽くしていたのかもしれないのです。

確かに、後になって考えれば、その判断は間違っていた、という場合もあるでしょう。他人から見れば明らかに間違って見えるかもしれません。本人でさえ、後から考えれば、間違っていたと思うかもしれません。

しかし、本人にとっては、その瞬間、最善の方法だったのです。

学校に行けないお子さんも、学校へ行かないことが「傷つかなくて済む、最善の方法」だったのです。

お子さんは悪くないのです。もちろん、あなたも悪くないのです。
誰も悪くないのです。

人は一人では生きられません。助け合わなければ、幸せになれません。しかし、人間は間違いを犯す生き物です。どんなに努力しても間違いをゼロにすることはできません。だからこそ、お互いの間違いをフォローし合うためにコミュニケーションが必要なのです。

コミュニケーションは、犯人探しをするためのものではありません。間違いを防ぐため、そして、間違いをした人を助けるためのものです。

私は今まで生きてきた中で、数え切れないくらいたくさんの間違いをしてきました。家族やまわりの人たちに迷惑をかけてしまったことも、たくさんありました。

おそらくあなたも同じだと思います。

そして私は、許され、助けられてきたからこそ、今こうして幸せに生きることができています。私を許し、助けてくれた人々に、本当に感謝しています。

あなたもどうか、今この瞬間から「悪者探し」をやめてください。

「誰もが正しい」「誰もが精いっぱい生きている」という事実を心に留めて、今自分ができることに意識を向けてください。

それこそが、あなたとお子さんが幸せになる秘訣です。

親の幸せな姿を見せる…それも大切な親の役目です

「親の役目」というと、どんなことが思い浮かびますか？

あれもしなければ、これもしてあげなければと、多くのことを思い浮かべる人は多いと思います。しかし正直、私は、親の役目とは、これから書くことだけで十分だと確信しています。

一つめは、**「子どもに親の幸せな姿を見せる」**ということです。

つまり、「親自身が幸せになる」のです。

「親自身が幸せになる」という言葉は、本書の中に何度も出てきています。何度も書いているのは、それだけ重要だからです。

ここであなたに質問があります。

「あなたが幸せかどうかを決めているのは、誰ですか？」

そう、それを決めるのは、まぎれもなく「あなた」です。だからこそ、「私は幸せです！」と勇気を持って言い切ってください。そして、お子さんの前で、「あなたがいるから私は幸せです！」と笑顔で言ってください。

お子さんはきっと、「僕もお父さんみたいに幸せになれるんだね！」「私もお母さんみたいに幸せになれるんだね！」と感じるでしょう。

きっとそれだけでも十分幸せなことですよね。

もちろん、あなたが今、悩んでいるのはわかっています。その悩みを今すぐ消すことは難しいかもしれませんが、悩みは悩みとして、心の片隅に置いてください。**悩みで心をいっぱいにしないでください。**

どんなにつらくて苦しい状況でも、絶対に何かは「幸せ」な状況があります。その幸せに気づき、心を幸せで満たしてください。

あなたは幸せを感じるために生まれてきたのです。お子さんのためにも、まずあなた自身が幸せになってください。

親の大切な役目のもうひとつは、**「子どもを励ますこと」**です。

私は、子どもにしつけは必要ないと思っています。それどころか、「叱る」ことさえも必要ないと思っています。

なぜなら、子どもには大人の何倍もの学習能力があり、親が日々、良い手本を見せていれば、子どもは親から全てを学び、しつけなくても、叱らなくても、立派な大人に成長できるからです。

もし子どもが何かで失敗して落ち込んだり、疲れて帰ってきたりしたときには、「励ます」ことだけをすれば良いのです。

子どもたちは、毎日さまざまなストレスにさらされて、傷つき、疲れています。だからこそ、親であるあなた自身が幸せになり、「私にもできた、だからお前にもできるよ！」と言って励ましてください。

そして、次の「励まし10か条」を参考にして、毎日3回以上励ましてください。回数は多ければ多いほど良いでしょう。

励まし10か条

1. 子どもがまだ気づいていない長所に気づかせてあげる
2. 結果よりも努力を褒める
3. スキンシップと優しい言葉がけをする
4. 「ありがとう」を言う（「助かる」「さすが！」「信じている」なども良い）
5. 親の失敗談を聴かせてあげる（失敗して学んだことを教える）
6. 「お前は世界一だ！」と言う（「愛してる」「大好きだ」なども良い）
7. どうしても叱る場合は、10回褒めてから1回だけ叱る
8. 目の前にいる子どもと会話する（過去や未来の不満を話題にしない）
9. どんな出来事もたいしたことない、乗り越えられると教える
10. 「お父さん、お母さんは幸せだよ！」と子どもの前で言う

不登校解決の特効薬は、誰もが持っているのです

あなたはすでに、「不登校解決の特効薬」を持っています。ただ、その使い方を知らないだけなのです。

その「特効薬」とは何なのか、あなたはすでにおわかりですね。そう、「愛」です。愛はあなたのお子さんを守り、勇気づけ、励まします。あなた自身を守り、勇気づけ、励まし、愛を引き寄せます。

しかし愛は、使い方を間違えれば、お子さんの心を傷つけ、勇気や元気を奪ってしまいます。あなたを傷つけ、不安や恐怖をもたらしてしまいます。

愛は使い方ひとつで、毒にも薬にもなるのです。

本来、愛とは強くてあたたかいものです。使い方さえ正しければ、愛は、全ての心の痛みを癒すことができる特効薬なのです。

時々、「自分のことなんかどうでもいい、子どものほうが大事」という方がいますが、絶対ダメです。愛は、あなたを通してお子さんへ伝わるのです。あなた自身を大切にしなくて、お子さんへ伝わるはずがありません。

お子さんは、あなたを世界中の誰よりも愛しています。だからこそ、お子さんにとって、あなたの身に起こることは、自分の身に起こることと同じなのです。

あなたが自分を大切にすれば、お子さんも「大切にされている」と感じます。
あなたが自分を粗末にすれば、お子さんも「粗末にされている」と感じます。

これは、愛の法則です。

あなたが自分自身を大切にすればするほど、あなたの愛は強くなり、お子さんを元気にするのです。

あなたが自分自身を粗末にすればするほど、あなたの愛は弱くなり、お子さんから元気を奪うのです。

あなたが何か行動を起こそうとするときは、その前に考えてください。

「私の行動は自分自身を元気にするだろうか？」と。

あなたは、「お子さんは、幸せになるために生まれてきました」という言葉を聞いて、疑問を感じないはずです。

だとしたら、「あなたも幸せになるために生まれてきたのです」という言葉にも納得できるはずです。

あなたは今、幸せを感じるために生きているのです。あなたの生きる姿で、「幸せとは何なのか」をお子さんに教えてあげてください。


想像してください。お子さんが、あなたに聞きました。

「ねぇ、ねぇ、幸せってなあに？」

あなたはこう答えるのです。

「幸せっていうのはね、お母さんみたいなことだよ」

子どものやる気を引き出すスキンシップ＆褒め方

先日ご相談してきたお母さんが、涙ながらに訴えてくれました。

お子さんに「がんばろう、がんばろうと思っても、どうしてもやる気が出ない。体が動かないんだ……。僕のやる気スイッチはどこにあるの？」と問いかけられたとき、何も答えてやれなかったと言うのです。

「やる気スイッチ」。

あなたはどこにあると思いますか？

正直、私にもわかりませんが、もしかすると皮膚、体全体の皮膚にあるのではないかと思っています。

それには理由があります。生まれたばかりの赤ちゃんは、目が見えなくても、肌でお母さんの愛を感じることができます。

また、ある小児科病院の研究によると、ベッドに寝かしたままの赤ちゃんより、1日に数回抱き上げたり、なでたり、さすったりしてあげた赤ちゃんのほうが、ずっと早く回復するというのです。

ですから私は、愛を確実に伝える方法は、スキンシップだと確信しています。たとえ、いくつになってもです。

私からあなたに提案があります。

今日からちょっとだけ、お子さんに触れる機会を増やしてみてください。

小さいお子さんなら、ギュッと抱きしめてあげると良いでしょう。寝ているときに頭や体をなでてやっても良いでしょう。ほっぺを寄せてみるのも良いでしょう。

大きいお子さんなら、話しかけるときに、肩や腕に触るのも良いかもしれません。「がんばったね!」と言いながら、手を握ってあげても良いかもしれません。最初は気味悪がられるかもしれませんが、そのうち慣れるので大丈夫、続けてください。きっと最初に、あなた自身が愛とエネルギーを感じると思います。

スキンシップばかりでなく、子どもは言葉で褒められることも、もちろん大好きです。

しかし私たち大人は、人を褒めるとき、つい結果を褒めてしまいがちです。「結果」は「その人自身」ではありません。ですから、お子さんを褒めるときは、お子さんの行動を褒めてください。お子さんのがんばりを褒めてください。

たとえ、あなたから見れば全然がんばっているように見えなくても、お子さんはお子さんなりに今、精いっぱいがんばっているのです。

お子さんの命を褒めてあげてください。

「がんばったね！」「大きくなったね！」「たくさん食べたね！」

そう言って、お子さんが今生きていることを褒めてあげてください。

そうそう、お子さんに対して「がんばれ！」という言葉を使うときは注意が必要です。

「がんばれ！」には、「今はがんばっていないだろう」「もっとがんばれるはずだ」という意味も含まれているからです。

ですから私は、「がんばったね！」のほうが好きです。

もし、あなたが、お子さんを「どんなふうに褒めればいいのだろう」と迷ったときには、「自分ならどんなふうに褒められたら、愛されていると感じるだろう」と、自分自身に問いかけてください。

恥ずかしがらずに、「自分なら……」と考えてみてください。

そして想像してみてください。

「私なら、こんなふうにされたら思わずニヤニヤしちゃう（笑）」

そう思えたら、それがきっといい答えなのです。

子どもに自信をもたせてあげましょう

子どもが学校に行かなくなると、子どもの性格に原因があるのではないかと、親は考えるものです。

この子は気が弱いから、内気でおどおどしているから、初めてのことが怖いから、コミュニケーションが苦手だから……など欠点探しを、ついしてしまうのです。

しかし性格というのは、多くが生まれ持ったものです。その中には、もちろん良い部分もあれば、世の中でやっていくのには弱点となりやすい部分、苦手な部分もあります。

長所も短所も両方持っているのに、もしも親が、良い部分に目を向けず、弱い部分、苦手な部分にばかり目を向けて、そこを直そう、直そうとすると、子どもはどうなるでしょうか。

自信をなくしてしまうのです。15歳以下の子どもに対して、苦手を直そうとするのは逆効果です。

大切なのは、子どもに自信を持たせること。それにはまず、ご両親がお子さんの良いところだけを見るようにしてください。

お子さんのできること、お子さんの良い部分、お子さんの好きなこと。それだけにご両親の意識を向けてください。そして、まだ気がついていない良い部分、できること、好きなことを発見してあげてください。

あなたがすべきことは、お子さんの苦手を直すことではありません。お子さんの良い部分を伸ばし、新しい可能性を見つけてあげることです。

お子さんができないことの原因探しをするのはやめてください。そんなことをしても何の役にも立ちません。

1章の最後にご紹介した「子どもの良いところに気づく6つの質問」を、もう一度、思い出してください。

お子さんが何かを失敗したり、できないときでも、気にしないでください。その代わり、少しでも進歩したとき、新しくできるようになったときには、大げさに喜んでください。家族でお祝いをしてください。誕生日と同じくらい盛大に祝ってください。こうして家族全員で、良いこと、できることに意識を向ける習慣をつけることが大切です。

あなたが不安に思えば、お子さんはもっと不安に思います。ご両親が不安に思えば、お子さんはもっともっと不安に思います。

あなたが大丈夫と思えば、お子さんは安心します。ご両親が大丈夫と思えば、お子さんはもっと安心するのです。安心があって初めて行動に移せます。

あなたがすべきことは、お子さんの「将来の心配」をすることではありません。お子さんの将来を夢見ることです。自分の将来を夢見ることです。この先、どんなことがあっても、あなたは「大丈夫！」と笑顔でいてください。

コラム

「良いこと日記」をつけてみよう

お子さんの良い面に意識を向けるために、「良いこと日記」をつけることをお勧めします。

ノートを1冊用意して、表紙に大きく「良いこと日記」と書いてください。

毎日最低1つは、お子さんの良いこと、できたことを書きます。毎日欠かさず続けてください。

そしてお子さんが高校生くらいになり、落ち込んでいるときがあれば、「良いこと日記」を見せてあげてください。「お前はこんなに素晴らしいんだぞ！」と言って読ませてあげてほしいのです。

お子さんが結婚するときには「良いこと日記」を手渡し、祝福してあげてください。きっとお子さんも泣いちゃいますよ。

この世は素晴らしい人たちで満ちている、と教えてあげてください

子どもは両親から半分ずつの遺伝子DNAをもらって生まれます。極端な言い方をすれば、お子さんの半分は、あなたのコピーなのです。

ですから、親であるあなた自身が自分を尊敬し、大切に思えなくて、お子さんが自分を尊敬し、大切に思えるはずはありませんよね？

だからこそ、あなたはたった今から自分を尊敬し、大切にしてください。

あなたがそうすれば、やがてお子さんも自分を大切にするようになります。

「そうは言っても、自分を尊敬するなんてできない……」

そんなときは、あなたの「理想の人」を思い浮かべてください。外見ではなく、人間性でですよ。

そして、あなたがその人になったとしたら、今までの言動がどう変わるか、

想像してみてください。

毎日寝る前に、「理想の人」になった自分を想像します。繰り返すうちに、あなたは少しずつその人に近づき、自分を尊敬できるようになっていきます。

そして、まわりの人を尊敬することです。

ご主人の素晴らしさを、お子さんに語ってあげてください。

奥さんの素晴らしさを、お子さんに語ってあげてください。

「えーっ！　今まで悪口ばかり言っていた……」、そんな声も聞こえてきそうですが……。もし、あなたがお子さんの前でご主人の悪口を言っていたとしたら、それはまぎれもなく、お子さんの半分をけなしていたのと一緒です。

ご主人に限りません。お子さんと関係のある人の悪口を言うことは、お子さんに対して悪口を言っているのと一緒です。そして同時に、自分自身に対して言っているのと同じなのです。

人間は他人の悪口を言う人を尊敬しません。他人の良いところを見つけ、褒める人を尊敬するのです。

ですからあなたは、たった今から自分の良いところを見つけ、自分を褒めてください。お子さんの良いところを見つけ、褒めてください。

ご主人の良いところ、奥さんの良いところを見つけ、お子さんの前で褒めてください。家族、親戚、友人、知人の良いところを見つけ、お子さんに話して聞かせてあげてください。

そうすることでお子さんは、「自分のまわりは尊敬できる人ばかりなのだ」と知り、安心できるようになり、同時に自分を尊敬できるようになるのです。

せっかく生まれてきた、この世をヒドイ世の中だと思ってしまったら、夢も希望も抱けないでしょう。子どもたちが生きていく社会を、そんな寂しく悲しいものにしてしまっていいのでしょうか？

世界は素晴らしい人たちでいっぱいなのだ……ということを、伝えていかなければなりません。それが親であり、大人である私たちの使命ではないでしょうか。

育て方に問題があったのではありません。ちょっと生き方が違っていただけなのです

「私の子育ての仕方に、間違いがあったのではないか——」

子どもに何か問題が起きたときに、決まって考えることではないでしょうか。

Iさんもそのように考えています。Iさんには3人のお子さんがいて、不登校になっているのは、末っ子の中1の娘さんです。

スポーツの選抜大会に出るくらい積極性があり、お友だちを支える優しさもある娘さんですが、長い間、学校へ行ったり行かなかったりをくり返しています。

不登校になる前は、「何かあったら無理に学校へ行かなくてもいい。いろいろな道があるんだから」と娘さんに話していたIさん。しかし、いざ自分の子がそうなると、「どうにかしてこの子を学校へ戻してあげたい。みんなと話して、お昼を食べて、放課後になったら楽しく帰ってくる、そんなふつうの生活

をしてほしい」と、願ってしまうのだそうです。

不登校の原因は「お母さんと一緒にいたい」。学校や友だちが原因ではないのです。友だちに誘われ、遊びに行くこともあります。でも、とにかくお母さんと一緒にいたくて、学校に行けないときは大きな体で「抱っこ」と言い、膝の上に乗ってきたり、いまだに指しゃぶりをしていたりするそうです。

何があの子の心を苦しめているのかわからない、楽にしてあげたいと悩むIさん。「私の育て方に問題があったのでしょうか？　じゃれあいすぎて関係が近すぎるのでしょうか？　助けてください……」と相談してこられました。

「Iさんの育て方に、問題はありませんよ」と、私は答えました。なにしろ娘さんは、とても優しく育っているのですから。

むしろ問題は……厳しいようですが、Iさんの今の生き方です。

おそらくIさんは、育児依存です。上のお子さん二人が精神的に自立して、娘さんも中学生になり、愛情の向ける先を失ったIさんは、精神的に不安定になっているのではないかと、私は思うのです。

優しい娘さんは、それを無意識に感じとり、自分が「子ども」を演じることで、Iさんの生きがいになろうとしているのだと思います。つまり娘さんは、無意識にお母さんを守ろうとしているのです。

あなたも、もしこれと似た状況なら、まずすべきことは、意識を自分の心の内側へ向け、子育て以外の生きがいを見つけることです。

1週間に半日は自分だけの時間を作り、子育て以外の生きがいは何か、そして子どもがいない今後の人生をどう過ごしたらいいのかを考えてみてください。あなたが新しい楽しみ、生きがいを見つければ、自然にお子さんはあなたから離れていくでしょう。あなたがお子さんから卒業できれば、お子さんも不登校から卒業できるのです。

あなたが精神的に自立して、自分で自分の幸せを見つけられるようになれば、お子さんも安心して自分の幸せを求められるようになります。

他人を許し、自分を許しましょう

「こんなに子どもを思っているのに、どうしてわかってもらえないの?」

「何不自由なく、かわいがって育ててきたのに……」

そんな悲痛な声を、相談者の方からよく聞きます。

Nさんもそのひとり。

愛情いっぱいに育ててきたつもりの娘さんは、小6まではとても明るく、元気いっぱいで、勉強もピアノもよくできるがんばりやさんでした。

しかし、いじめが原因で中1のときに転校。やがて転校先でも悪口を言われ始め、中2の連休明けから体調不良を訴えて、学校へ行けなくなってしまいました。

Nさんは、学校はもちろん市の教育委員会にも相談しましたし、病院の精密検査も受けさせました。病院の検査で異常は見つからず、精神的なものから来ているのだろうと、カウンセリング、催眠療法、心療内科など、あらゆるところに連れて行ったそうです。

やがて相性のいいカウンセラーに出会えた娘さんは、学校に戻る勇気はまだ出ないものの、「子ども支援センター」という、不登校の生徒の無料の支援施設に通い始めました。娘さんにとってそこは居心地がよく、家から1時間もかかるのに、健康のためにもと、歩いて通い続けたそうです。

4か月後、そろそろ学校に戻れるだろうと、娘さんは、とりあえず所属していた吹奏楽部に顔を出してみました。しかし、そこで感じたのは「自分の居場所がない」という寂しさ。以前仲の良かった友だちの態度が冷たかったことにもショックを受けてしまいました。

結局娘さんはその部を退部し、「絶対もう学校には戻らない！　学校なんかに行くもんか!!」という気持ちになってしまいました。友だちの冷たい態度から、誰のことも信じられなくなってしまったようです。

Nさんは、「親としてあらゆることを尽くしてきた。もうこれ以上どうすればいいかわからない」と悩んでいます。体が元気で、支援センターに通えているだけでも良いのかもしれないと思いながら、高校受験を翌年に控えているため、勉強の遅れも気になっています。

いい子だった娘さんが、今になって、うまくいかないことを当たり散らし、わがままばかり言うようになったことに、Nさんは戸惑っています。

「私が娘のことを思ってすることも、まったく喜ぶことなく、空回りばかりです。信頼できるカウンセラーの先生にも出会えたのに、恵まれた環境に感謝もせず、不満ばかり言って頑《かたく》なに学校を拒否する娘の心を、どうすることもできません。娘の良いところも、不登校が長引くほど、見失ってしまいそうです」

「子どもの不登校をきっかけに家族の絆が深まるとか、そんなきれいごと、うちには全く通用しません。主人も娘のわがままから逃げるため、趣味やお酒に走るばかりです。こんな八方塞《はっぽうふさ》がりの状態から抜け出せる方法はありますか？

学校へ行くようになるのは難しいでしょうか?」

そう話すNさんに、私は、次のような、かなり厳しいアドバイスをしました。

Nさんの娘さんのわがままや、自分勝手な態度は、「本当の私を愛して!」という心の叫びなのです。娘さんは心の奥に大きな不安を抱えています。

「私は愛されていないのではないだろうか?」

「私は誰からも必要とされていないのではないだろうか?」

自分でもそれがわからず、ただただ不安を態度で表現するしかないのです。

「勉強できない私を愛して!」「わがままな私を愛して!」「何もできない私を愛して!」

学校へ行かず、わがままを言うことで、娘さんは確かめようとしているのです。優等生でもなく、聞き分けも悪く、何にもできない「素の自分」でも愛してもらえるのかどうかを――。

確かにNさんは、娘さんを愛していると思います。今までもずっと。

しかし、自分を愛せていないのでしょう。**自分自身を愛していない人からの「愛」は、信じられないのです。相手に伝わらないのです。**

愛は自分自身を愛している分しか、相手に伝わりません。

問題と思える娘さんの行動も、Nさんにそのことを教えるためのサインなのです。もちろん娘さん本人も気づいていませんが、本能がそうさせているのです。

なぜなら、娘さんはお母さんを愛しているからです。お母さんに幸せになってほしいと心の底から願っているからです。

娘さんは本当に素晴らしいお子さんです。自分を犠牲にしてまで、Nさんを救おうとしているのですから。

Nさんにはそう話した上で、「娘さんの行動の本当の意味に気づいてください。娘さんは本当に優しいお子さんです。その娘さんを育てたのはあなたなのです。優しい娘さんを見ればわかるように、あなたは本来、大きな愛を秘めた人なのです。ですからもっと自分に自信を持ってください。娘さんのためにもあなたが幸せになってください」とお伝えしました。

こんなことを書くと驚くかもしれませんが、**親が子どものためを思ってすることの99％は、子どものためになりません。**

親が自分自身のためにすることの99％が、子どものためになるのです。

異論もあるかもしれませんが、私はそう感じています。

問題が起きたときに、答えを自分の外側に求めるのをやめてください。答えはいつも、自分の中にあるものです。

これからは、問題が起きたとき、「自分のために何ができるか？」を考えてください。それが正しい答えです。

親というものは、時に子どものためを思いすぎて、自分自身が後回しになってしまうことがあります。それはもちろん深い愛ゆえなのですが、子どもにはそれが負担になってしまう可能性があることを、親は常に心に留めておかなくてはなりません。

今まで、いろいろなつらいこと、悲しいこと、悔しいこと、寂しいこと、うれしいこと、楽しいこと……があったでしょう。

でも、だからこそあなたも、そんなに優しい人になれたのではありませんか。**すべての人の人生に、無駄だったことなどありません。すべてのことに意味があるのです。**

自分の過去に感謝し、あの日、あのとき、つらいことや悲しいことを乗り越えてきた自分を褒めてほしいと思います。

心の中で、「今までありがとう」と、過去の自分を抱きしめてほしいです。

人は、他人のために生きることはできません。自分のためにしか生きられないのです。他人のために生きようとすれば、やがて必ず相手を傷つけてしまいます。

自分のために生きれば、他人を助ける力が得られます。あなたも明日から、自分のために生きてください。それが何より、お子さんのためになります。

コラム

愛の女神宣言

「お母さんは愛の女神であってほしい」

私はいつもそう願っています。

太陽のように暖かく、月のように優しく、家族を守り癒す存在であってほしいと思います。

本書をここまで読まれたあなたなら、

「そう、私は愛の女神よ！」

と言えるようになっていると思いますが、もしまだ自信が持てない方は、これからご紹介する6つの言葉を毎晩寝る直前に読み上げてください。

愛の女神宣言

・私は「子どもが世界でいちばん愛しているのは私である」と知っています
・私はその愛に応えることができる、強く優しい愛を持っています
・私は自分の可能性を信じ、同じように子どもの可能性を信じます
・私は自分を愛するのと同じように、子どもを愛します
・私が最初に幸せになります。そしてまわりのみんなを幸せにします
・私は愛の女神です！（あるいは〝愛の天使〟、男性なら〝炎のリーダー〟など）

もっともっとキレイになってみてください

お子さんを元気にするには親であるあなた自身がいつも笑顔で幸せな気持ちでいなければならないことは、これまで何度もお伝えしました。

あなたがお子さんを気遣うように、お子さんもあなたの心と身体の健康をいつも気遣っています。

あなたの愛が強ければ強いほど、あなたとお子さんの見えない結びつきも強いものになります。あなたが元気をなくせば、お子さんは自分のせいだと感じて元気をなくしてしまいます。あなたが元気になれば、お子さんも元気になるのです。

ではあなたが元気になるには具体的にはどうすれば良いのでしょう？

私からいくつか提案があります。
・毎月エステに通ってキレイになる。
・スポーツジムに通って身体を鍛える。
・食事と運動に気をつけて5歳若返る。
・毎月1回はご主人と二人っきりでデートする。
・新しく趣味を始める。
・資格をとるための勉強を始める。
・英会話スクールに通う。
お金や時間に制限があるなら、口紅を1本だけ買って毎朝つけるだけでも良いでしょう。普段スッピンの方なら、毎朝アイラインと口紅を入れるだけでも気持ちが全然違ってきます。

そして鏡に向かって、ほほえむのです。

「私は愛の女神よ！」

よく、子どものことで頭がいっぱいで自分のことなんて考えられないという方がいますが、自分の心さえままならない人が、落ち込んでいるお子さんを元気にできるでしょうか？

厳しい言い方をしますが、**お子さんに元気がないのは、あなたのエネルギーが弱いから**です。お子さんに元気になってほしいならなおのこと、まずあなた自身が元気になってください。

そのために、自分が喜ぶこと、キレイになること、元気になることを今すぐ始めてください。

長年不登校で悩まれているお母さんにはぜひお勧めしたいことがあります。

それは、子どもを置いて海外旅行へ行くことです。

お金と時間に余裕があるなら1週間ぐらいハワイに行って、毎日ビーチとエステ三昧しましょう。余裕がないならサイパンやグアムでもかまいません。とにかく日本を離れ、暖かい国へ行くのです。

現地に行ってしまえば、お子さんに何かあってもすぐに駆けつけることはできません。その分、あなたはよけい心配になるかもしれません。

しかし、お子さんと離れることであなたは、

・心配は役に立たないということ

・あなた自身の楽しみを求めること

を学ぶのです。

あなたがお子さんの心配を止めて信頼し、もっとキレイになれば、もっと楽しくなれば、あなた自身の幸せを求めるようになれば……お子さんは必ず元気になります。

あなたの「生き方」から子どもはすべてを学び、自分の未来を映すのです

この章の最後に、7年間の不登校を乗り越えて、今は元気に学校生活を送っている、Oさんの息子さんの話を書きましょう。

この息子さんは二人兄弟の次男です。小1から不登校が始まり、完全に行かなくなったのは小4のときでした。

中学に上がるとき、本人の希望もあって、全寮制の私立に入学。しかし2か月あまりで戻ってきてしまい、2学期から地元の中学へ転校しました。そこへ最初の3週間はがんばって行けたものの、また完全不登校になりました。

そんな時期にOさんは私のアドバイスを受け、さっそく実行してきました。

そのうちに、Oさん自身の気持ちに余裕が生まれてきました。息子さんとの会話も増えてきました。

そこへタイミングよく、しばらく音信不通だった息子さんの友だちから、遊びの誘いのメールが来たのです。以来、息子さんは友だちと遊ぶようになり、毎日外へ出るようになりました。また、その友だちのおかげで、学校へ行こうという意識も出てきました。

「あと一歩で学校へ行けそう」というときにも、Oさんは焦らず、息子さんをあまり刺激し過ぎないように心がけながら、日常会話の中で、さりげなく学校の話をしたりしていました。たとえば「もうすぐ球技大会があるんだって」といった具合に。

「最近、急に背が伸びたから制服小さくなってないかな?」と言ったときは、息子さんは制服を着てみたりしていたそうです。

親子のたわいもない会話で笑顔が増え、以前は出なかった先生からの電話にも出るようになった息子さん。7年ぶりに学校へ通うようになったのは、それからまもなくのことでした。

喜びいっぱいのOさんですが、親子関係に少し悩みがあるようです。

「親と子は立場が違うということを教えるには、どうしたらいいのでしょうか?」と相談してこられたのです。

「上から目線で息子と話したいわけではないけれど、大人と子どもの違いを教えたい。大人も子どもも同じ人間ではあるけれど、立場が違うと教えることも、社会性を身につけさせる上で大事なことだと私は思うんです。それは間違っているでしょうか? 間違いでないなら、どうやって教えたらいいのでしょうか?」

それがOさんの質問でした。

私はこう答えました。「大人と子どもの立場の違いについて、特に教える必要はありませんよ」と。

なぜなら、親が教えなくても、親の他人への接し方や、親自身のご両親への態度を見て、子どもは学ぶからです。逆に言えば、親が子どもに言葉で伝えようとしても、実際に子どもに伝わっているのは、親の行動なのです。

何も話さなくても、子どもは親の生き方を見て、全てを学んでいます。親の生き方が、子どもに全てを教えているのです。

あなたもこのことを、どうぞ心に留めておいてください。

お子さんを勇気づけるためには、あなたがいつも笑顔でいることが大切です。

あなたがただ笑顔でうなずくだけで、「大丈夫！ どんなときも見守っているからね！」というメッセージになるのです。

あなたがいつも笑顔で、自分の人生を楽しんでいれば、息子さんは、生きる勇気を持つでしょう。あなたが毎日楽しく生活していれば、息子さんは未来に希望を持てるのです。

もし、あなたの心が不安でいっぱいで、笑顔になれないときは、その不安を紙に書き出してください。何を不安に感じているのかを知るのが第一歩です。

すっかり書き出したら、読み返してみてください。それらはもう終わった過去の出来事や、まだ起きていない未来の出来事ではありませんか？

それがわかったら、あなたが今やること、今日やることを考えてください。

あなた自身が「不安」から抜け出すことが大切なのです。なぜなら、「不安」で心が波立っていては、お子さんの心の声は聞こえないからです。

書き出した紙は、破ってクシャクシャに丸めて燃やしてください。

まだ起きてないことに心を悩ませないでください。不安に感じていたことと反対の、良いことを想像してください。明るい未来だけを想像してください。

特に寝る前は、明るい未来、楽しいことだけを想像しましょう。

あなたの幸せを想像してください。ご家族の幸せを想像してください。お子さんの幸せを想像してください。

長く続ければ、必ず想像通りになります。

鏡に向かって笑顔の練習をするのも良いと思います。

あなたが楽しくなることをしましょう。子どもは親の生き方に自分の未来を写します。あなたが自分の生き方で、お子さんに明るい未来を見せてください。

絶対に忘れてはいけない、たった1つのこと

お子さんが世界でいちばん愛しているのは、親であるあなたです。

考えてみれば当たり前のことですが、みんな忘れています。

「親は子どもを世界一愛している」とは誰もが言いますが、でも実際、「愛」は愛されて感じるものではありません。**「愛」は、愛して感じるものなのです。**

きっとあなたにも覚えがあると思います。

愛している人に愛が受け入れられる喜び。

愛している人に愛が通じないつらさ……。

愛は、自分の行動で感じるものなのです。

今は反抗的な態度で、あなたを無視しているようなお子さんだって、本当はあなたに愛を表現し、受け入れられたいと思っています。でも、今まで何度も何度も拒絶され続け、傷つき、愛を表すのが怖くなってしまっているのです。「傷つくくらいなら、愛さなければいい……」、そう思っているかもしれません。そして、自分自身のことも愛せなくなってしまうかもしれません。

では、どうすればいいって？

もうわかっていますね！　そう、あなたが最初に愛を表現するのです。子どもが生まれたときの喜びを思い出してください。子どもと共有した様々な出来事を思い出してください。そして、子どもにさりげなく話して聞かせてください――思い出しましたか？　序章でお話しした、そんな小さなことからでいいのです。

最初は拒絶されるかもしれません。でも、めげずに何度も何度も何度も愛を表現するんです。子どもに通じるまで、何度でも。

お子さんの心にしみ込むには時間がかかるかもしれません。でもあなたが毎日、心を込めて贈った言葉は、やがてお子さんの心の奥深くに届き、ゆっくりと心を満たしていきます。そして、光を放ち始めます。それはあたかも小さな雨粒一滴一滴が地中にしみ込み、やがて清冽な清水となって地上に湧き出てくるように、お子さんがつらいとき、悲しいとき、励まし導く希望の光となるでしょう。

親のあたたかな言葉に、やがて子どもの心の氷も解けてきて、愛を受け入れるようになるのです。と同時に、愛を表現するようになります。そのときにあなたは、思いっきり受け入れてあげてください。どんなに嬉しいか、どんなに待っていたかを伝えるのです。そうやってどんどん愛のキャッチボールを続けて、リハビリするのです。

きっと嬉しくって泣いちゃいますよ。

絶対に忘れないでくださいね。

「お子さんはあなたを世界一愛している」ということを――。

あとがきに代えて

なぜ私が「世界中の親子を笑顔にする！」と決意したのか

私、菜花俊は、東日本大震災直後の2011年6月23日、結婚しました。

私には震災の2年前からおつき合いしている女性がいましたが、ある事情があって、結婚に踏み切れませんでした。その理由とは――。

私は、父と一緒に小さな建設会社を経営していました。

その会社が経営不振により倒産し、私は1億円以上の借金をかかえ、自己破産しました。私はすっかり自信をなくし、毎日ただ息をしているだけの日々を過ごしていました。

彼女と知り合ったのは、そんなときです。

嫌われることを覚悟して、私は彼女に、すべてを打ち明けました。

しかし、彼女はすべてを受け入れてくれました。そして私を励ましてくれました。いつもそばにいてくれました。私の心を守ってくれました。

彼女の笑顔によって私は、今まで見失っていた生きる意味……人生の目的を再び見いだすことができたのです。

私に生きる意味を気づかせてくれた彼女に、何度かプロポーズしようと思ったことがありました。しかし、そのたびに、「自己破産した自分がプロポーズなんかしていいのだろうか？」と思えてしまって、決断できませんでした。自分には「結婚する資格」がない……そんなふうに感じていたのです。

そんなとき、あの東日本大震災が起きました。

原発の放射能漏れから逃れて、私は一時的に、彼女の家に避難することになりました。

そのとき初めて、私は知ったのです。

彼女がバツイチで、小２と小４になる２人の子持ちだということを。

私は頭の中が真っ白になり、何も考えられなくなって立ち尽くしました。

30分後、頭の中から声が聞こえてきました。

「お前の人生の目的は何だ?」

人生の目的??　俺の人生の目的は、世界中の親子を……笑顔にすること。

「そうか!!!　彼女と子どもたち。この3人を、俺が笑顔にしなくては!」

そのとき私は気づいたのです。すべて運命だったのだと。

私はすぐに彼女にプロポーズし、彼女は快諾してくれました。そして私たちは結婚することになったのです。

私は断言できます。人生に無駄なことなど何もないと。

不登校。母の涙。倒産。自己破産。彼女の告白。

確かにそのときは苦しみました。でも、そのすべてが、今の私の支えになっています。

私の人生には、これからも、悲しいことやつらいこともあるでしょう。でも、私はすべて乗り越えられると知っています。

そして私は、私自身の人生の経験を基に、悩めるお母さんたちの力になりたいと思っています。

私の人生の目的は、「世界中の親子を笑顔にすること」なのですから。

不登校解決にとって、もっとも大切なこと。それは、「大切な人を、日々大切にすること」です。

子どもにとって母親は最愛の人です。それがたとえ、どんな母親であっても、子どもにとってはこの世で誰よりも愛する人なのです。だからこそ、最愛の母親から受ける言葉の暴力、無関心が子どもの心を恐ろしいほどに傷つけるのです。

しかし、誰かがほんの少しお母さんを支えることで、「苦しんでいるのはあなただけじゃないよ！」と言ってあげることで、お母さんは、自分を見失わずに済むのです。

その誰かになるために、その誰かを増やすために、私は活動を続けます。

巻末の「いつもがんばっているあなたへ」もご覧ください。

付録

しあわせ未来日記

本書の最後に付録として「未来日記」をつけました。

これを毎朝欠かさず書き続けてください。書く時間は、5分あれば十分です。習慣にすることで、あなたの心の支えになるでしょう。

前の日に、腹が立つこと、泣きたくなるようなことがあっても、朝、「未来日記」を書く5分の間に、きっとあなたには元気が満ちてきます。そして家族を笑顔で送り出し、楽しい1日を始められるのです。

「朝の5分で生まれ変わる」

そんな感覚さえ味わえるこの方法を、ぜひ試してみてください。

あなたに素敵な朝が訪れますように……。

未来日記を始める前に

「未来日記」を書く目的。それは一言で言うと、「心の使い方を知る」ということです。

不登校やひきこもりというと、普通はお医者さんや専門家にみてもらおうと考えると思います。でもほとんどの場合は、「どこも悪くありません」「もうしばらく様子を見ましょう」と言われるのではないでしょうか。

それもそのはず、ほとんどの場合、実際にお子さんはどこも悪くないのです。

しかし多くの親御さんが、お子さんのどこかに問題があると思い、本当は何も悪くないお子さんの中に原因探しをしてしまうのです。

お子さんは、自分の心を守るために、最善の行動をとっているに過ぎません。

お父さんもお母さんも、きっとそうだと思います。後になって「あのとき、あんなこと言わなければよかった」「もっと優しくしてあげればよかった」と思うものですが、そのときは「最善の行動」を選んだだけなのです。誰が悪いわけでもありません。

大事なことなので、もう一度言います。

「誰も悪くないのです」。お子さんも、お母さんも、お父さんも、そのときの状況で「最善の行動」をとっただけなのです。

確かに、中には間違った行動があったかもしれません。でもそれも全て、お子さんのことを想ってのことだと思います。

ただ、心の使い方を知らないだけだったのだと思います。

この「未来日記」を続けるうちに、自然と心の使い方が見えてくると思います。

未来日記の使い方

付属の未来日記用紙に記入してください。

用紙には1から5までの質問がありますので、順に記入してください。

5まで記入が終わったら、軽く全体に目を通します。

それから、今日一日、素晴らしい一日を用紙の真ん中にイメージしてください。イメージが浮かんだら、そのイメージを大きく、大きく、そして明るく色鮮やかにしてください。そして、あなた自身がそのイメージの中に入り込む様子を想像してください。

イメージに浸って、幸せな感覚を味わってください。

次に、用紙をきれいにたたんで、いつでも取り出せるところに入れて持ち歩いてください。

いつも持ち歩くポーチのポケットに忍ばせてもいいでしょう。そうすれば、気が滅入ったり、落ち込んだりしたときに、すぐに取り出して読み返し、イメージすることができます。

初めて記入するときは、じっくりと時間をかけて、深く考えながら記入してください。

次の日の朝からは5分で終わらせるつもりで、さっと記入してください。

初めのうちは5分で終わらせるのは大変かもしれませんが、だんだん慣れてくると5分くらいでできるようになると思います。

前の日と内容が同じになってもかまいません。心に浮かんだことを素直に記入してください。

どうしても忙しくて、書き込む時間がないときは、イメージだけでも良いので、必ず毎日続けてくださいね。

毎朝、未来日記を続けることで、心の使い方にだんだん慣れてくると思います。

毎日の生活の中で、何に意識を向けているかによって、感情や判断や行動が変わってきます。そして、心の底でつながった感情を通して、お子さんやご家族にも元気と勇気が伝わっていくのです。

未来日記を続けている方のご感想をご紹介します。

「いつの間にか子どもや主人に対する接し方が全く変わりました」

「以前は家族を変えようとばかりしていましたが、それではますます気持ちが離れてしまうし、無意味なことだと気づきました」

「未来日記をつけるようになってから、いつの間にか私も家族も良い方向に変わっていきました。いえ、きっと変わったのではないのでしょう。今まで隠れていた良い部分が表に出てきたのだと思います」

未来日記を続けることで、あなたも、素晴らしい本当のあなた自身に気づくことができると思います。

ぜひ、毎日続けてくださいね。

未来日記

年　月　日（　曜日）　時　分

1. 私は今、何を感謝しているだろう？

2. 私を愛してくれている人は誰だろう？

3. 私が愛している人は誰だろう？

4. 私は今日、誰にどうやって愛を伝えるのだろう？

5. 私は今日自分のために何をするのだろう？

未来予想図（さあ、素敵な未来をイメージ（想像）してみましょう！）

文庫化によせてのあとがき

本書が世に出た2014年当時、小中学校における不登校児童生徒数は12万人でした。行政や教育関係者が不登校への取り組みに本腰を入れ始めたのを感じた私は、「きっとこれからは不登校で悩む親子が減ってくれるに違いない！」と楽観的に考えていました。

しかし、現時点での最新データである2021年時の数は24万人（文部科学省調べ※）。残念ながら7年で2倍へと激増したのです。

その原因は「お母さんへのサポート不足」だと私は思います。確かに行政は子どもの「心のケア」や「居場所作り」に力を入れ始めています。ですが、誰よりも子どもを愛し、支えうるであろうお母さんへのサポートがまだまだ足りないと感じます。

どんなに予算をかけても、どんなに先生が頑張っても、不登校を減らすにはお母さんの幸せ感向上が欠かせないのです。

不登校との戦いは長く、孤独です。ネット社会となりSNSが発達した今でも、安心して悩みを共有し励まし合える場所にはなかなか出会えないのです。だからこそ私は、本でメルマガで勉強会で、不登校から脱け出すための学びの場「心の学び舎（まなびや）」をお伝えしています。そこでは常時1000名以上の親御さんが不登校解決の秘訣と幸せ心理学を学んでいます。また毎月2回オンラインで、20名ほどのグループ相談会も行なっています。

初めて参加された方は皆さん、こうおっしゃいます。

「不登校の会なのに皆さん明るくてビックリしました」「初めて安心して自分の気持ちを打ち明けることができました」「私にもできそう！　と自信が持てました」

現在不登校で悩むすべてのお母さんが、このような場所に出会えることを願っています。

文庫版の出版にあたり、『不登校から脱け出すたった1つの方法』を育て、守り導いて下さった青春出版社の手島氏に心より感謝申し上げます。

共にＮＰＯ法人 親心支援協会を立ち上げ、現在まで苦労を共にしてくれた岩城氏、藤井氏、時田氏に感謝申し上げます。

「心の学舎」で共に涙し、共に笑い合える最高の仲間たちに感謝します。今年の沖縄合宿も楽しみです！

私が悩んでいると何故かいつも連絡をくれて励ましてくれる心の兄、荻野氏に感謝します。

かけがえのない記憶をくれた両親に、いつも学びをくれる妻に、日々刺激と愛をくれる子どもたちに感謝します。

そして今、本書を手にしているあなたに――

最後までお読みいただいたことに心から感謝申し上げます。本書との出会いが、あなたとお子さんの笑顔の一助になることを願っています。

もしあなたが、

「もうひとりで悩むのはイヤ！　この想いを受け止めて欲しい！
経験者の声が聞きたい！　一緒にがんばる仲間が欲しい！」
そんなふうに思われたなら、
私たちと一緒にメルマガや心の学舎で学びませんか？

あなたはもうひとりぼっちではありません。私がいます。仲間がいます。
一緒に学び、不登校を乗り越えましょう！

メルマガ登録はこちら：https://www.oyagokoro.or.jp/fwd3/book1

勉強会動画無料公開中！
心の学び舎はこちら：https://manabiya.net/

※出典　文部科学省「令和3年度 児童生徒の問題行動・不登校等生徒指導上の諸課題に関する調査結果の概要」

読者プレゼント

いつもがんばっているあなたへ

いつもがんばっているあなたへ3つのプレゼントを差し上げます。

1．無料メルマガ

紙面の都合でご紹介できなかった「不登校脱出の体験談」や「相談事例」、「解決のヒント」などを毎週メールでお届けします。

2．「涙と笑いの体験報告集」

125人のお母さんの不登校体験談をつづった60ページの冊子

3．不登校脱出勉強会DVD（ダイジェスト版）

不登校解決の基本が動画で学べます。

お申し込みは今すぐこちらからどうぞ

https://www.oyagokoro.or.jp/fwd3/book1

または以下へ空メールをお送りください。

book1@oyagokoro.or.jp

あなたはもうひとりぼっちではありません。
不登校を卒業するまで、私はあなたを応援し続けます。

菜花 俊（なばな　さとし）

青春文庫

不登校《ふとうこう》から脱《ぬ》け出《だ》すたった1つの方法《ほうほう》

いま、何《なに》をしたらよいのか？

2023年4月20日　第1刷

著　者　菜花《なばな》　俊《さとし》

発行者　小澤源太郎

責任編集　株式会社プライム涌光

発行所　株式会社青春出版社

〒162-0056　東京都新宿区若松町12-1
電話　03-3203-2850（編集部）
　　　03-3207-1916（営業部）
振替番号　00190-7-98602

印刷／大日本印刷
製本／ナショナル製本

ISBN 978-4-413-29826-1

1分後、誰かに話したくなる47の「寓話」

話題の達人倶楽部［編］

〝いい話〟には、明日を変える力がある。泣ける話、ささる話、こわい話、不思議な話…仕事・人間関係に効く、珠玉のストーリー集

(SE-815)

世界地図でわかるすごい地形

おもしろ地理学会［編］

日本人が知らない世界の歩き方、教えます！山脈、大河、砂漠、海、湖から、気象、地質まで、世界のなりたちを解き明かす！

(SE-816)

通も知らない！鉄道の雑学事典

櫻田　純［監修］

車両に書かれている「クモハ」「モハ」はどんな意味？　電車の混雑率はどうやって計っているの？……つい誰かに話したくなる！

(SE-817)

仮説の日本史

定説では解けない謎の真相に迫る！

歴史の謎研究会［編］

そのとき、本当は、何が起きたんだろう？失われた〝パーツ〟から読み解く、新しい日本史の見取り図

(SE-818)